셀프 소통의 힘

셀프 소통의 힘

발행일	2025년 5월 15일			
지은이	임수희, 기희경, 황연경, 박경화			
펴낸이	손형국			
펴낸곳	(주)북랩			
편집인	선일영		편집	김현아, 배진용, 김다빈, 김부경
디자인	이현수, 김민하, 임진형, 안유경		제작	박기성, 구성우, 이창영, 배상진
마케팅	김회란, 박진관			
출판등록	2004. 12. 1(제2012-000051호)			
주소	서울특별시 금천구 가산디지털 1로 168, 우림라이온스밸리 B동 B111호, B113~115호			
홈페이지	www.book.co.kr			
전화번호	(02)2026-5777		팩스	(02)3159-9637
ISBN	979-11-7224-620-4 03190 (종이책)		979-11-7224-621-1 05190 (전자책)	

잘못된 책은 구입한 곳에서 교환해드립니다.
이 책은 저작권법에 따라 보호받는 저작물이므로 무단 전재와 복제를 금합니다.
이 책은 (주)북랩이 보유한 리코 장비로 인쇄되었습니다.

(주)북랩 성공출판의 파트너

북랩 홈페이지와 패밀리 사이트에서 다양한 출판 솔루션을 만나 보세요!

홈페이지 book.co.kr • **블로그** blog.naver.com/essaybook • **출판문의** text@book.co.kr

작가 연락처 문의 ▶ ask.book.co.kr

작가 연락처는 개인정보이므로 북랩에서 알려드릴 수 없습니다.

셀프 소통의 힘

하루 세 줄이 만들어낸 기적 같은 변화

나는 지금도
충분히 잘하고 있어

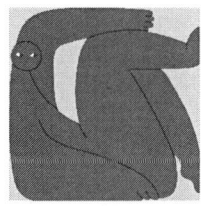

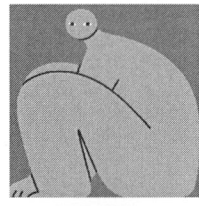

오늘 하루도 잘 살아 준 나,
정말 고마워

나는 오늘도 괜찮습니다

임 수 희

기 희 경

황 연 경

박 경 화

나는 오늘도 성장하고 있고,
나아가고 있다

북랩

프롤로그

왜 '셀프 소통'이 지금, 우리에게 필요한가

누군가에게는 "괜찮아."라는 말이 필요했던 하루.
또 누군가는 "고마워."라는 짧은 한마디가 삶을 바꿨다고 말합니다.
사람은 결국 말로 살아갑니다.
그중에서도 가장 중요한 말은, 타인을 향한 말이 아니라 '나 자신에게 건네는 말'입니다. 그런데 우리는 너무 오랫동안 스스로를 향한 말에 무심했습니다.
잘하고 있음에도 "아직 멀었어."라고 말하고, 아프면서도 "이 정도는 참아야지."라고 억누르며 살아왔습니다. 그러다 보니 어느 순간 자존감은 낮아지고, 관계는 흔들리며, 삶의 의미조차

흐릿해지는 감정에 휩싸이게 됩니다.

그 모든 순간을 견디고 회복하기 위해 필요한 것이 바로 '셀프 소통(Self-talk)'입니다.

셀프 소통, 그 작은 시작이 만드는 큰 변화, 셀프 소통은 내면의 혼란 속에서도 스스로를 다잡고 감정을 말로 다스릴 수 있도록 도와주는 힘입니다.

우리는 매일 세 가지 감사하기, 세 줄의 긍정 확언을 통해 자기 자신에게 말을 건네기 시작했습니다.

"나는 지금도 충분히 잘하고 있어."
"나는 오늘도 성장하고 있고, 나아가고 있다."
"오늘 하루도 잘 살아 준 나, 정말 고마워."

이 작은 문장들이 불안을 잠재우고, 자존감을 회복시키며, 관계의 말투를 바꾸고, 무너지는 삶을 지탱해 주기 시작했습니다.

말이 감정을 바꾸고, 감정이 행동을 바꾸며, 행동이 삶 전체를 바꾸는 힘이 되었습니다.

이 책은 실천의 기록입니다.
이 책은 이론서가 아닙니다.

4명의 저자가 직접 긍정 확언과 감사하기를 실천하고, 그 기록을 바탕으로 변화된 삶의 과정을 담은 이야기입니다.

실천한 사람만이 말할 수 있는 진정성 그리고 그 말을 통해 살아 낸 이들이 전하는 경험은 누구보다 지금, 자신의 감정을 회복하고 싶은 독자들에게 가장 현실적인 방법이 되어 줄 것입니다.

당신도 바뀔 수 있습니다. 단 한 줄의 말로, 셀프 소통은 거창한 기술이 아닙니다.

하지만 분명한 것은, 삶을 바꾸는 가장 단순하고도 강력한 습관이라는 사실입니다.

이 책을 통해 스스로에게 다정한 말을 건네는 연습을 시작해 보세요.

감사하고, 긍정하고, 나 자신을 있는 그대로 받아들이는 그 말들이 당신의 하루를 지탱하고, 내일을 바꾸게 될 것입니다.

이제, 당신에게 가장 먼저 들려줄 말 한 줄을 떠올려 보세요.

"나는 오늘도 괜찮습니다."

차 례

프롤로그   5

임수희

셀프 소통을 하게 된 이유	13
감사하기	16
긍정 확언	34
이것을 실천하며 달라진 점, 독자에게 전하고픈 메시지	45

기희경

셀프 소통을 하게 된 이유	49
감사하기	51
긍정 확언	62
이것을 실천하며 달라진 점, 독자에게 전하고픈 메시지	77

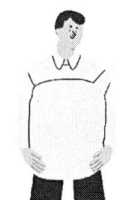

황연경

셀프 소통을 하게 된 이유	83
감사하기	89
긍정 확언	111
이것을 실천하며 달라진 점, 독자에게 전하고픈 메시지	132

박경화

셀프 소통을 하게 된 이유	137
감사하기	140
긍정 확언	169
이것을 실천하며 달라진 점, 독자에게 전하고픈 메시지	191

임수희

나는 지금도

충분히 잘하고 있어

셀프 소통을 하게 된 이유

　　　　　살다 보면 누구나 견디기 벅찬 시간이 찾아오곤 합니다. 2024년, 제겐 그 어느 때보다 힘들었던 해였습니다. 고속도로에서의 갑작스러운 차 사고, 믿었던 지인에게 당한 사기, 그로 인해 감당해야 했던 수천만 원의 피해. 거기에 경기 불황이 겹치며 친정의 경제적 어려움, 더 덮친 격으로 아버지마저 떠나보내야 했습니다.

　삶이 버겁고 마음이 무너질 듯할 때, 저를 붙잡아 준 건 누구의 위로도 아니었습니다. 매일 나 스스로에게 건넨 한 줄의 말, 그 작고 조용한 문장이 저를 견디게 했습니다.

"나는 버텨 내고 있고, 극복해 내고 있다."
"모든 것은 순탄하게 정리되고 해결된다."

이 짧은 긍정 확언은 힘든 저를 붙잡아 주는 구조대가 되었습니다. 마음을 토닥여 주고, 용기를 주었습니다.

'셀프 소통'이라는 말은 2016년, 『셀프 소통 이미지경영』이라는 책을 출간하며 처음 만들고 쓰기 시작한 단어입니다. 그리고 2024년, 걱정과 실망, 불안이 반복되던 가장 힘겨운 시기에 그 시간을 버틸 수 있게 해 준 건 다름아닌 '매일의 셀프 소통'이었습니다.

감사하기 3줄, 긍정 확언 3줄. 그 짧은 글을 하루도 빠짐없이 써 내려갔습니다. 아버지의 장례 기간 3일을 제외하고는 단 하루도 빼놓지 않았습니다. 그 글들은 나를 붙잡아 주었고, 흔들리지 않도록, 무너지지 않도록 지탱해 주었습니다.

문득 주위를 돌아보니, 겉으론 아무렇지 않은 척 웃고 있지만 속으론 무너지고 있는 사람들이 보였습니다. 그들과 함께 견디고, 함께 회복할 수 있는 길이 없을까 고민하다 '셀프 소통 챌린지'라는 프로그램을 만들게 되었습니다.

그리고 지금 이 책은, 그 셀프 소통의 기록이자 버티고 이겨낸 한 사람의 회복 여정입니다.

셀프 소통은 말 그대로 자신과 소통하는 것, 내면의 대화를 통해 마음을 정돈하고 긍정적인 방향으로 이끄는 것을 뜻합니다. 셀프 소통을 하면 불안, 분노, 후회 등의 감정을 건강하게 소화할 수 있게 도와주며, 감정에 휘둘리지 않고, 감정을 다루는 힘이 길러집니다. 나 자신과 먼저 소통이 되면 타인과도 건강한 소통이 가능해집니다.

지금부터 읽을 이 글은 저의 이야기지만, 실은 수많은 '당신'에게 해야 하는 메시지일 수도 있습니다. 지금 이 글을 읽을 당신의 마음이 무거웠거나 힘든 하루였다면 오늘부터 자신에게 따뜻한 말 건네는 셀프 소통을 시작해 보세요.

감사하기

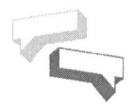

2024년 7월 25일

　헬스장에서 운동하며 땀이 비 오듯 흐르는 경험을 할 수 있고, 운동해 낸 나에게 뿌듯하고 감사하다.
　오랜만에 친정엄마와 딸과 함께 식사할 수 있어 감사하다.
　고기를 맛있게 먹어 주고, 이동 내내 외할머니 손잡고 같이 움직이는 딸의 모습에 감사하다.
　두건의 교육 체결에 감사하다.

2024년 8월 5일

　복권 1만 원에 당첨되는 행운이 왔다. 감사!
　가족들 각자 주어진 위치에서 잘 해내 주고 있어 감사하다.

에어컨이 있어 정말 감사하다.

2024년 8월 21일

이동에 큰 불편함 없을 정도로 내리고 멈춘 비 덕분에 안전하게 이동할 수 있어 감사하다.

강의를 신뢰하며 적극적으로 참여하는 교관들의 태도에 감사하다.

능력을 인정해 주시고 높게 평가해 주시며 대우해 주심에 지나온 과거를 보상받는 듯 감사하고, 가슴 벅참을 느낄 수 있어 또 감사하다.

요리해 주는 무엇이든 맛있다고 잘 먹어 주는 가족들에게 감사하다. 무탈함에 감사하다.

2024년 8월 22일

지금 이 순간 감사 일기를 쓸 수 있는 시간을 가짐에 감사하다. 하루를 돌아보며 접점마다 감사했던 것들이 떠오르는 내 삶에 칭찬하며 감사하다.

밥 먹을 수 있고, 커피를 마실 수 있는, 늘 하는 익숙한 것들이지만, 그 평범함을 반복할 수 있고 유지할 수 있는 삶이 얼마나 행복한 삶인지를 깨닫는다.

감사 일기 덕분이다.

어떤 상황 계기를 겪지 않아도 그냥 매일의 일상을 이어 가는 것 자체가 감사한 삶이다. 삶에서 큰 변화, 큰 성과가 있어야만 감사한 것이 아닌 무탈한 일상 유지도 큰 행복이라는 것을!

퍼붓는 빗속을 차량으로 도착하는 것 또한 평범한 것이 아닌 다행이고, 감사하다. 운동을 매일 하거나 음식을 절제하는 삶이 아님에도 불구하고 몸이 건강하다는 것은 삶의 축복이다.

행복과 축복이 매일 있는 삶, 그런 삶을 살고 있다.

이것을 깨닫게 해 주는 셀프 소통, 참으로 감사하다.

2024년 8월 27일

오늘도 어떻게든 살아 내며, 삶이 가르쳐 준 한 가지를 또 배웠다.

될 일은 결국 된다. 그리고 될 듯 말 듯 애매할 때는 조금만 더 버티고, 조금만 더 노력하면 정말 될 수 있다는 것도. 물론, 될지 안 될지는 끝까지 가 봐야 아는 일이다. 그런데도 사람 마음이란, 되기 전에 미리 걱정하고, 안 될까 봐 불안해하고, 스스로를 지치게 만든다. 하지만 이제는 안다. 미리 끌어당긴 부정의 감정은 아무것도 바꾸지 못하고, 오히려 나를 갉아먹는다는 것을. 정말 안 되었다면, 그 사실을 마주한 뒤에 슬퍼해도 결코 늦지 않다.

물론 어느 정도의 불안과 두려움은 내 삶의 안전장치가 되기도 한다. 하지만 그 감정에 너무 깊이 빠지면 삶을 맑게 살아갈 힘을 잃게 된다.

그래서 나는, 오늘도 나 자신과 대화한다. 셀프 소통이 내 감정을 조율해 주고, 불필요한 걱정에서 나를 한 걸음 빼내 준다.

참 고맙다, 이 시간들이.

모든 것에는 '때'가 있다는 것도 조금씩 몸으로 배우고 있다.

조급함을 내려놓고 차분하게 기다리는 것,

그게 결국 삶을 단단하게 만드는 영양분이라는 걸 조용히 깨달은 하루. 오늘도, 살아 있기에 감사하다.

2024년 8월 29일

하루 동안 왕복 6시간을 운전했다. 긴 거리였지만 무사히, 안전하게 잘 다녀올 수 있었음에 먼저 감사하다.

그리고 강의에 몰입하며 잠시나마 현실의 무게를 잊을 수 있었던 그 시간도 참 고마운 선물 같았다.

요즘 감정이 자주 요동친다. 하지만 이제는 안다. 감정은 겪되, 빠지지 않는 것이 중요하다는 걸.

삶이 힘들 땐 그 아픔을 그대로 마주하되, 그 안에 빠져들지 않는다. 삶이 좋을 땐 그 기쁨을 누리되, 그게 영원할 거라 착각하지 않는다.

모든 것은 흘러가고, 지나가고, 변한다. 좋은 것도 언젠간 지나가고, 싫은 것도 언젠간 끝이 난다.

그래서 오늘도 다짐한다. 지금의 삶을 너무 미워하지도, 너무 집착하지도 말것. 불안해하지도, 들뜨지도 말것. 그저 지금 이 순간에 집중하고, 감사한 마음으로 하루를 살아 내자.

오늘도 그렇게, 배우고, 깨닫고, 작은 평온을 품으며 하루를 마무리한다.

감사한 하루다.

2024년 8월 31일

다용도실에 4년을 넘게 방치되어 있던 책꽂이가 다시 쓰인다.
돈 아꼈다. 감사하다.
무탈했던 하루를 당연함이 아닌 감사함으로 여긴다.

2024년 9월 12일

엄마….

오늘도 문득, 마음 깊이 감사한 밤입니다.

나는 분명 엄마보다 젊지만, 엄마보다 훨씬 약하다는 걸 자주 느낍니다.

딸 편하라고 아픈 몸도 잊고, 초인적인 힘을 내는 엄마의 모습을 보며 참 여러 번 놀라고, 또 여러 번 울컥합니다.

가끔은 친정 식구들이 힘들게 한다며 마음속으로 원망했던 날도 있었지만, 그때의 나조차, 당신이 있었기에 버틸 수 있었습니다.

만약 엄마가 없었다면 나는 지금처럼 살아 낼 수 있었을까요?

엄마가 곁에 있어 주어서 그 사실 하나만으로도 참 고맙고, 또 고맙습니다.

말로 다 표현 못 할 만큼 감사한 마음.

엄마, 사랑합니다.

정말 감사합니다.

2024년 10월 3일

아울렛에서 20만 원 넘는 브랜드 청바지를 2만 원 이벤트로 득템 하는 기쁨을 누리며 정가로 비싸게 구매하는 소비 낭비에서 오는 허무함을 직접 경험하며 배우고, 스스로 깨우치는 딸의 태도에 감사하다.

덕분에 과거 나의 잘못된 소비 습관도 떠올리며 반성하게 되고, 오늘 외출이 우리 모녀에게 좋은 깨달음을 주는 훌륭한 경험이자 시간이었음에 감사하다.

이웃집에서 샤잇머스캣을 주셨다. 감사하다.

맛있게 잘 먹겠습니다~

2024년 10월 13일

힘들었다는 것은 무엇인가를 열심히 했다는 증거.

아무것도 하지 않았다면 힘들 것도 없다.

몸은 많이 힘들었으나 열심히 했기에 감사하다.

노벨문학상 한강 수상자 소식을 접하고 한국인으로서 자부심을 느끼는 시간에 감사하다.

한강 작가님, 축하드립니다~

나 역시 좋은 역사 기록을 남기고 싶다는 생각을 또 한번 선명하게 해 본다.

아직 미흡하지만 많은 사람들을 이롭게 돕고 싶다.

오늘도 무탈함에 감사하다.

2025 트렌드 코리아 키워드 '아보하'. 아주 보통의 하루.

소확행을 벗어나 무탈한 하루하루에 감사함을 더욱 느끼게 되는 요즘, 우리 셀프 소통 챌린지에서 이미 실천하고 있는 평범한 일상에서의 감사가 2025년 트렌드가 되며 셀프 소통을 이어 갈 수 있어 감사하다.

2024년 10월 21일

  오늘도 열심히 살아 낸 나, 수고했고, 나에게 감사하다. 잘난 것과 잘 사는 건 다르다. 잘 사는 건 나 자신을 잘 다루는 것. 나는 오늘도 나를 잘 이끌었다.
  잘하고 있다. 조금 더 강하게 밀어붙여도 괜찮다. 아직 내 안엔 힘이 있고, 그걸 해낼 능력도 있다.
  젊음에 감사하고, 건강함에 감사하고, 무엇보다 나 자신에게 감사하는 하루다.

2024년 10월 24일

  오늘, 만나야 할 사람을 만나고 마음을 나눌 수 있어 참 감사하다. 해야 할 일을 마치고 나니 속이 후련하고, 또 감사하다.
  마음먹기 나름이라 믿다가도 무너지고 흔들리고 다시 일어서는 걸 몇 번이고 반복했다. 하지만 괜찮다. 인간이니까.
  흔들렸다면, 약해졌다면, 그걸 알아챘다면 그것만으로도 다행이다. 그 인식 덕분에 다시 마음을 다잡을 수 있었고, 더 강해져야겠다는 다짐을 할 수 있었다. 요즘 들어 자주 깨닫는다.

무탈한 삶이 얼마나 큰 감사인지.

허황된 욕심만 내려놓으면 세상은 감사할 일로 가득하고, 습관처럼 떠안았던 책임감에서 조금만 벗어나도 삶은 훨씬 더 가볍다.

오늘도, 감사하다.

2024년 11월 2일

저녁 설거지까지 모두 끝내고 8시쯤 예상하고 시계를 보니 6시 43분. 이렇게 기분이 좋을 수가! 이렇게 빨리 끝냈나 싶어 기분이 좋다.

밖이 어두워 시간이 한참 지난 줄 알았는데 보상받는 느낌. 토요일이지만 많은 것을 했다. 침대에 누워 신나게 릴스를 보며 온전히 나를 위해 보상받은 시간을 써 본다. 이런 날도 있어야지. 행복하다.

주위 큰 잡음 없이 무탈하게 하루하루가 넘어가고 있다. 감사하다.

좀 더 내려놓고 평온해지자.

인간의 가장 최상위 감정과 기분, 평온함과 안온함. 내려놓고 현재에 집중하면 평온해진다. 과거를 생각하면 후회와 그리움,

미래를 생각하면 불안과 두려움이 앞서는 것이 인생이다. 멈추고 현재에 집중하며 감사하며 마무리하자.

2024년 11월 7일

딸이 보내 준 링크에서 1원에 빼빼로 당첨, 와우~
나보다 딸이 신기하다며 더 좋아한다. 보고 있으니 행복하다.
누군가에게 도움을 줄 수 있는 나의 직업과 능력에 감사하다.
따뜻한 이불 속에서 셀프 소통을 작성하니 좋다.
오늘도 무탈했음에 감사하고 감사하다.

2024년 11월 15일

최근 나를 관찰하며 알게 된 것, 음식 만들기를 좋아하고 행복해한다.

손 많이 가는 잡채를 뚝딱 만들면서 할 게 많다는 생각보다는 즐긴다. 맛을 보며 웃는다. 가족들이 먹을 걸 생각하니 행복하기까지 하다.

'그랬구나…. 내가 음식 만드는 것을 좋아했구나!'

삶에서 행복한 순간을 또 하나 찾았다. 감사할 일이다.

바쁜 일상에서 나조차 몰랐던 나의 행복 요소를 셀프 소통하며 발견하게 되는 신비로움에 감사하다.

2024년 12월 2일

나를 위한 이 시간을 가질 수 있음에 감사하다. 매일 최선을 다해 살며 애쓰는 나를 격려한다. 이 시기가 지나면 지금보다 더 평온하고 여유 있는 나의 삶이 펼쳐질 거라 믿는다. 할 수 있고, 해내는 나를 칭찬한다.

응원한다.

2024년 12월 23일

마음의 안정이 필요하다.

오늘 감사한 것이 무엇이었나 떠올리며 마음을 안정시켜 본다.

최선을 다해 치료하는 의료진들, 평정심으로 각자 주어진 것들을 잘 해내고 있는 가족들. 차분하게 오늘을 보내자. 침착하게….

2024년 12월 27일

조문해 주시고 위로해 주신 모든 분들께 깊이 감사한 마음 전합니다.

외할머니 외로우실까 봐 어젯밤부터 할머니 옆을 지키는 외손녀 내 딸의 마음과 태도에 기특하고, 고맙다.

마지막까지 자식을 위하며 그 고통을 자식들에게 말 못 하고 참았던 내 아버지….

이제 미안해하지 말고, 아프지 말고, 편히 쉬세요, 아빠….

2024년 12월 28일

슬퍼하고 있을 나를 걱정하며 위로와 안부의 전화를 걸어오는 지인들.

그들 역시 전화 걸기도, 입을 떼기도 쉽지 않았을 텐데, 그 마음을 알기에 감사하다.

실감할 틈도 없이 너무도 순식간에 정신없이 지나가 버린 장례식.

각 서류들마다 사망 단어가 붙는다. 서서히 실감 나고, 사무친다. 힘들다….

당신은 내게 은혜로운 사람이 분명했음을.

보고 싶다….

많이 원망하고 미워했으나, 그래도 내 마음 깊은 곳에서 당신은 나의 아버지였음을.

외손녀들을 끝없는 사랑으로 보살피고 예뻐해 주신 내 아버지. 고맙습니다.

2024년 12월 29일

　가족들 각자 자신의 위치에서 정신 잡고 살아가려 노력하는 태도들에 감사하다.
　할머니 옆에서 재롱 떨며 할머니를 외롭지 않게 에너지 실어 주는 딸의 애쓰는 모습이 기특하고 고맙다.
　나의 슬픔을 위로하기 위해 며칠을 고민고민하다가 오늘에서야 용기 내어 위로와 격려 메시지를 보낸다는 강의장에서 만난 교육생, 그동안 고민하며 불편했을 그 마음이 고스란히 전해져 감사하고 감동이다.
　이토록 주위에 감사할 것들이 생겨난다. 다시 힘을 내고 살아야 하는 이유들이 주어진다.

2024년 12월 30일

　친구가 기분 전환을 위해 생각하고 애써 준다. 감사하다.
　아버지 좋은 곳으로 가시라고 정성껏 기도해 주시는 사돈께 감사하다.

검사를 두 번 했으나 독감이 아니어서 다행이고, 감사하다.

이제 몸살을 끝으로 훌훌 털어 내며 회복하자.

연말에 가족들을 위해 어떤 맛있는 음식을 준비할까 즐거운 상상으로 바꾸어 보자.

자꾸 미안해하지 말고 감사함으로 기억하자.

2025년 1월 6일

시간이 흐를수록 마음이 아프고 괴롭다.

처음에는 믿기지 않았던 현실이, 조금씩 실감이 되니 더 힘들다.

혼자 차 안에서 아빠를 불렀다. 그 이름 하나에 감정이 복받쳐 올라 목이 메었다. 불쌍한 내 아버지. 그렇게 떠나보내야 했던 게 너무도 허무하다.

늘 쓰던 감사하기 대신 오늘은 이 마음을 억누르고 싶지 않다. 외면하고 싶지도 않다. 그냥 슬프다. 너무 괴롭다. 눈물이 난다….

2025년 1월 9일

차분하게 강의를 마칠 수 있어 감사하다.

친정엄마와 저녁 식사를 할 수 있어 다행이다.

장녀가 할머니를 챙기는 따뜻한 마음에 감동과 울컥한다.

한 판 뒤집듯 아무렇지 않게 다시 일상으로 돌아가려는 내 모습이, 나 자신에게도 너무 가혹하다. 그리고 왠지 아버지께도 죄송하다. 그래서 그냥 슬퍼하고 울며, 억지로 괜찮은 척하지 않기로 했다. 아버지를 향한 그리움도, 나의 텅 빈 마음도 그저 있는 그대로, 조금 더 오래 안아 주기로 했다.

물론, 해결해야 할 일들, 살아 내야 할 현실은 눈앞에 그대로 있지만, 그래도 오늘만큼은 그 모든 걸 잠시 내려놓고 조금 더 애도하고 싶은 밤이다.

2025년 1월 24일

아빠 생신이다.

생일상을 차렸다.

좋아하시던 음식들로 준비하고 보니 고가 음식은 없다. 쉽게 구하고 소박한 음식들이다. 아빠는 밥상 차려 드리기 편한 그런 분이었다. 고마운 아버지였다. 자식이 남긴 음식도 다 드시던 인자한 분이셨다.

아빠 생신으로 온 가족들 모여 배부르게 잘 먹었다.

음식 준비하고 치우며 엄마의 표정을 보니 하길 잘했다. 엄마가 고마워하신다.

　나는 아빠에게 감사하다.

　생전 아무거나 잘 드셨던 당신께 감사하다.

2025년 2월 5일

　기류 악화로 착륙에 실패하여 하늘을 돌고 돌아 반복 끝에 무사 제주 착륙 한 것에 감사하다.

　1시간 이동 거리를 눈으로 3시간에 걸쳐 숙소 도착, 몸은 다소 지쳤으나 숙소까지 무사히 도착하였으니 다행이고 감사하다.

　가족들에게 무사 도착 연락을 해 줄 수 있어 참으로 다행이다. 무사 도착이라 전할 수 있으니 얼마나 감사하고 감사한가.

　오늘도 이 하루의 삶을 무사하고 무탈하게 살아 냄은 기적이요, 행운이다.

　제주에서 무사 강의할 수 있음에 감사하고 감사하다.

2025년 2월 9일

　오늘도 무탈하게 하루를 보냈다. 평범한 일상을 살 수 있었음에 감사하고, 안전하게 이동하고 운전할 수 있었음에 감사하다.

무엇보다 잘 먹고, 잘 자고, 잘 웃으며 그 자리에 있는 내 가족들의 모습을 오늘도 변함없이 볼 수 있었던 것, 감사하다.

내일이면 아빠의 마지막 49제다.

시간이 약이라고 했던가, 지난달보다 마음이 조금 더 차분해지고, 이제는 받아들여지는 것들이 생긴다. 그리고 또 이렇게, 조금씩 살아진다.

내일은 아빠를 진짜 떠나보내는 날. 그래서 이제는 슬픔만 안고 있기보다는 "아빠, 좋은 곳으로 가세요. 나도 잘 살아 볼게요."라고 인사하며, 마음을 다잡을 수 있을 것 같다.

힘들 땐 힘든 대로, 슬플 땐 슬픈 대로, 그 마음을 억누르지 않고 매일 나와 소통해 온 시간들. 그게 나를 무너지지 않게 지켜 준 것 같다. 감사한 오늘을 마무리하며, 경건한 마음으로 아빠와의 마지막 인사를 준비한다.

2025년 3월 8일

조용하고 차분한 토요일 밤, 지금 이 순간 따뜻한 이불 속에서 감사 일기를 작성할 수 있음에 감사하다.

잔잔한 음악이 들리고, 각자 자기가 하고 싶은 것들 하며 개인의 시간 주어짐에 감사하다.

오늘을 살아 냄에 감사하고, 오늘을 살 수 있어 감사하다.

내일은 내일대로 의미 있고 좋은 날이 시작될 거라, 지금의 기운으로 믿고 기다린다.

2025년 3월 10일

정신없이 사람을 돌려 댄 하루. 쉴 틈 없이 움직였지만, 결국 다 해냈다. 대견하다, 칭찬한다.

'안 하면 어쩔 건데? 어차피 내 몫이면 내가 해야지.' 해야 할 일을 안 하려 하면 삶이 더 힘들어진다. 빨리 받아들이고 해 버리면 몸은 고돼도 마음은 훨씬 편하다.

오늘도 어김없이 감사하기 3줄을 쓰는 이 시간까지 허락받아 감사하다.

지금 이 고요함, 이 평온함이 참 감사하다. 내 능력이 누군가에게 도움이 될 수 있다는 것도 그저 감사하다.

다들 잘됐으면 좋겠다. 주변에서 좋은 소식들이 많이 들려왔으면 한다.

그리고 나도 잘되자. 잘된다!

직접 요리해서 가져다주신 친정엄마의 김치찌개.

이건 말 그대로 내 행복 호르몬이자, 삶의 원동력이다.

아무리 따라 해도 그 맛이 안 난다. 이 엄청나게 맛있는 엄마표 김치찌개를 오늘도 먹을 수 있어 정말 감사하고, 행복하다.

긍정 확언

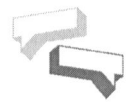

2024년 7월 15일

나는 날마다 점점 더 모든 면에서 좋아지고 있다.

나의 능력이 많은 사람들에게 도움 되고, 빛을 발하고 있다.

나는 우아한 사람이다.

마음이 여유롭고 풍요롭다.

나는 품격 있고 기품 있게 말하고, 행동한다.

2024년 7월 17일

내가 아는 주위 모든 사람들의 마음이 평온하고, 좋은 소식들로 가득하다.

나는 육체적, 정신적, 경제적으로 점점 더 좋아지고 있다.

오늘 좋은 소식이 내게 온다.

나는 품위 있고 우아한 유쾌함으로 즐겁게 사는 사람이다.

어제도 꿋꿋하게 해낸 나를 칭찬하며 오늘도, 내일도 잘해 낼 나를 믿는다.

2024년 8월 6일

나는 충분히 해낼 수 있는 젊은 나이이다.

타인과 비교하지 않으며 나의 길을 꿋꿋하게 간다.

열정과 믿음으로 해내며, 나답게 좀 더 성숙하고 지혜롭게 나아간다.

모든 것이 순조롭게 잘 진행된다.

감정에 휘둘리지 않고, 절제하며, 기품 있게 말하고 행동한다.

긍정적인 내면을 관리하고, 긍정적으로 말하며, 풍요로운 미래의 내 모습을 매일 상상한다.

2024년 8월 13일

계속해서 지금처럼 평온하고 여유 있는 아침을 맞이한다.

긴 호흡과 명상으로 나를 알아차리며, 긍정적인 삶을 살아간다.

하고자 하는 모든 것들이 순조롭게 원하는 대로 진행되고, 좋은 결과를 마주한다.
예상보다 더 괜찮고 더 좋은 삶을 살고, 더 지혜로운 내가 된다.

2024년 8월 15일

걱정을 머릿속에서 비우고, 지금에 감사하고, 지금 할 수 있는 상황에 집중하며 살아간다.
나의 노후는 안정감 있고, 편안하고, 경제적으로도 여유가 있다.
딸들의 울타리가 되어 주는 좋은 부모로 거듭난다.
지금까지 그래 왔듯이 하는 일들이 계속해서 순조롭게 잘 진행된다.

2024년 8월 22일

나는 육체적, 정신적, 경제적으로 매일 더 좋아지고 있다.
공복 올리브 오일과 운동으로 육체가 좋아지고 있다.
매일 감사 일기와 긍정 확언으로 정신이 좋아지고 있다.
불필요한 지출을 줄이고, 자금을 늘리며 경제가 좋아지고 있다.

나는 우아하고 품격 있게 말하며, 사람들에게 긍정의 에너지로 도움을 주는 사람으로 매 순간에 집중하고 감사하며 살고 있다.

결단이 결과가 될 때까지 흔들림 없이 해내며, 그런 나 자신을 믿고 응원한다.

나는 대단하고 가치 있고 위대한 사람이다.

2024년 8월 28일

어느새 긍정 확언이 내 삶 깊숙이 파고들었다.

그 덕분으로 하루를 마무리하며 몸과 마음을 피곤함과 힘듦으로 세팅하지 않고, 정신을 챙기고, 긍정하는 몸과 마음의 자세를 이 밤에도 가질 수 있는 지금, 내 삶의 패턴이 아주 긍정적이게 변화된 것을 확실하게 느낀다.

잘해 내고 있어서 고맙다.

계속해서 긍정성을 유지하고, 강하게 실행하는 사람으로 전진해 나간다.

있었으니 없어지고, 없으니 있게 되고, 많기에 덜어 내고, 부족하기에 더 담을 수 있는 삶의 원리들.

있다고 까불지 않고, 없다고 주눅 들지 않는다

있든 없든 겸손한 자세로, 배우는 자세로, 베푸는 자세로 살아간다.

있어도 봤고, 잃어도 봤던 경험들이 내게는 큰 가르침과 깨우침이다.

돈으로 가치를 매길 수 없을 정도로 귀하고, 나는 귀한 경험을 가진 사람이다. 그만큼 나는 가치가 높은 사람이다.

2024년 9월 1일

고통의 깊이만큼 성장하고 성숙해지고 있다.

인간이 인간일 수 있는 이유는 미래를 생각하고 상상하기 때문이다.

미래를 대비하고, 미래에 대해 불안해하는 것도 인간이기에 가능한 것이다. 그런 과정에서 성장이 고통을 겸허히 받아들인다.

고통을 감내하며 해내는 특별한 사람이다.

원하는 것을 이루기 위해 노력하고 노력한다.

내일 듣고 싶은 소식을 듣게 된다.

그리고 순조롭게 일사천리로 진행된다.

나는 촉이 좋고, 통찰력도 있는 장점이 있는 사람이다.

이것은 내 인생 성공의 디딤돌 역할을 해 주고 있으며, 나는 이 통찰력과 촉으로 많은 사람들에게 중추적 역할을 제공해 주어 성공과 행복을 돕는다.

나의 미래는 밝다. 안정적이다. 그리고 아주 좋다.

2024년 11월 3일

인생사 마음대로 되지 않더라도 평정심으로 살아 낸다.

휘둘리지 않고 흔들리지 않도록 감정을 잡고 중심을 잡는다.

매일의 소소한 일상에 감사하고, 무탈한 일상의 반복이 삶의 큰 행복임을 인지하고 살아간다.

2024년 11월 5일

평온함, 안정감의 감정을 유지하는 데 집중한다.

중심을 잡고 나를 이끌어 간다.

조용할 날 없는 세상사 그 속에서 평정심을 유지하는 자가 이기고 살아남는다.

60이 되어 인생을 돌아볼 때 후회되지 않는 오늘을 살아 낸다.

히포크라테스가 말하길, "네가 먹는 것이 너다."라고 했던가?

내가 하는 모든 것들이 순간순간 나를 증명한다.

우아하고 품위 있는 나를 증명하는 하루를 만든다.

2024년 12월 2일

12월 한 달을 열심히 살아갈 나를 응원한다.

소중한 딸들에게 건강한 몸과 마음으로 성장할 수 있도록 예쁜 말, 성장하는 말과 태도를 솔선수범으로 보여 준다.

체력 회복과 기력 강화에 집중한다.

지금까지 잘 이끌고 살아온 나를 칭찬하고 격려하며, 계속해서 잘 해내길 응원한다.

굿 럭!

2024년 12월 6일

감사하기와 긍정 확언을 통해 불안하고 두려웠던 마음이 덜어지고 차분해진다.

나의 감정 상태, 컨디션, 어디에 몰입되어 있는지를 인지할 수 있는 사람이 되어 간다.

오롯이 나에게 집중할 수 있어 좋다.

내 안의 믿음, 열정, 긍정성에게 밥을 주고, 에너지를 충전시키며 시작한다.

좋아~ 오늘도 행복하게 즐겁게 시작하며 살아 보자!

멋질 나의 하루를 응원한다!

2024년 12월 27일

다시 마음을 가다듬고 나의 일상으로 돌아간다.

아버지는 이제 아프지 않고, 편안한 곳에 계시기에 나와 가족들은 각자의 삶을 담담히 살아 낸다.

미움과 그리움이 교차할 땐 그 감정을 억누르지 않고, 그저 있는 그대로 받아들이는 용기를 낸다. 아버지를 떠나보낸 지 이제 4일, 아버지의 사랑과 감사함을 기억하고 살아가자.

아빠, 당신은 나의 아버지입니다!

2024년 12월 29일

가족의 죽음이 어느 정도의 슬픔인지 이제는 알기에 제주항공 희생자분들을 애도한다.

삼가 고인들의 명복을 빕니다.

이제는 좀 더 기운차게 펼쳐라.

그동안 움츠린 날개를 다시 활짝 펼쳐라.

찬란한 태양이 나를 비춘다.

빛을 마주하고 용기 있게 일어서자.

많은 사람들을 이롭게 도울 수 있는 더 큰 힘이 생긴다.

2024년 12월 31일

마음을 차분하게 정신을 집중하고 집 정리를 한다.

비워진 주방 양념들을 채워 놓고, 방학 동안 아이들이 먹을 간식들을 준비한다.

집을 구석구석 청소도 하고, 2025년의 좋은 기운을 맞이한다.

아쉬움 1도 없이 2024년을 날려 보낸다.

2025년은 내게 아주 좋은 해가 된다.

2025년 1월 1일

반복되는 일상은 지루함이 아닌 살아 있음을 증명하는 것.

무탈하게 지나가는 하루하루가 누군가에게 그토록 살고자 바라는 간절한 하루가 될 수 있음을.

지금 내게 주어진 하루하루를 허투루 보내지 않고 무의미하지 않도록 살아 있음에, 살아갈 수 있음에, 무엇이든 할 수 있음에 감사한 마음을 이어 간다.

또 한번 잘 해내 보자.

이제는 전투적이고 공격적이기보다 좀 더 여유롭고 안정감 있게 나를 돌아보고, 나를 돌보며 그리고 믿음을 가지고 살아가자.

평온하게 안온하게 심호흡하며, 지금 이 평온한 감정과 상태는 내게 꾸준히 이어진다.

2025년 1월 2일

업무가 시작되는 올해 강사들과 함께할 수 있는 좋은 일거리들이 많이 들어온다.

브랜드 가치를 더 높이는 회사와 내가 된다.

사람들을 이롭게 도우며, 전문가로서의 역량을 계속 강화시켜 나간다.

흔들림 없이 차분하게 나를 믿고 하나씩 성과를 만들어 간다.

2025년은 내게 큰 기쁨을 주는 해가 되리다~

2025년 1월 15일

나에게 좋은 능력이 있음을 기억한다. 그 능력은 누군가를 돕고, 내 삶을 평온하게 만들어 줄 귀한 자산이다.

내 생각이 현실이 되었던 소름 끼칠 만큼 놀라운 경험들을 기억한다. 그래서 오늘도 내 삶을 원하는 방향의 생각으로 가득 채운다. 나는 깨우침과 배움을 소중히 여긴다.

겸손하게 감사한 마음으로 매일 살아간다.

나는 나의 길을 믿고, 그 안에서 성장한다.

오늘도 나에게 주어진 하루를 성실하게 그리고 의미 있게 살아간다.

이것을 실천하며 달라진 점, 독자에게 전하고픈 메시지

책을 쓰기 위해 다시 꺼내 읽은 셀프 소통의 기록들. 그건 단지 일기나 습관이 아니었습니다. 누군가는 몰랐을지도 모를 저만의 마음의 전쟁터에서 휘청거리는 감정을 붙잡고 스스로를 일으켜 세우기 위해 단단히, 매일같이 써 내려간 나를 지켜낸 기록이었습니다.

하루 한 줄, 한 줄의 감사와 긍정 확언은 저를 일으켜 세우는 손이 되어 주었고, 그 조용한 실천들이 모여 지금 당신 손에 들린 이 책을 탄생시키는 결과를 만들어 주었습니다.

사람의 가능성을 깨우고, 포기하지 않게 만드는 '말의 힘'을 믿으며 그것을 강의하고 있습니다. 그래서 오늘도 이렇게 말합니다. 이 글을 읽는 당신 안에도 이미 충분한 힘이 있습니다. 셀프 소통은 그 힘을 꺼내게 해 줄 가장 확실한 방법입니다. 셀프 소통은 자신을 돌보는 언어이자 스스로를 살아 있게 만드는 말의 힘입니다.

자기 자신에게 다정한 말을 반복하면 불안, 분노, 우울 같은 부정적 감정이 서서히 옅어지고, 긍정적인 자기 대화는 스트레스 호르몬을 낮춰 삶의 긴장을 완화시켜 줍니다.

셀프 소통을 반복하다 보면 어느 날, 위기의 순간에도 '나를 일으켜 세우는 말'을 내면에서 꺼내 쓸 수 있는 사람이 됩니다.

"나는 할 수 있다."

"나는 괜찮다."

이 짧은 문장들이 진짜로 자기 믿음을 강화시키고, 삶을 다시 일으켜 세우는 힘이 되어 줍니다.

과거의 나, 실수한 나를 있는 그대로 받아들이는 연습은 남의 인정보다 내가 나를 인정하는 힘이 얼마나 강력한지 깨닫게 합니다. 그리고 내면이 부드러워지면 대인 커뮤니케이션도 자연스럽게 달라집니다.

하루 3가지 감사 쓰기는 행복 호르몬을 활성화시킵니다. 내면의 자기 격려 시스템이 자라나 결국, 하루를 지탱하던 문장이 인생을 이끄는 문장이 됩니다.

이 책이 당신에게 긍정의 힘이 되었기를 바랍니다. 그리고 당신의 삶을 더 따뜻하게 끌어안을 수 있기를 진심으로 바랍니다.

살아 내 줘서 고맙습니다.

기희경

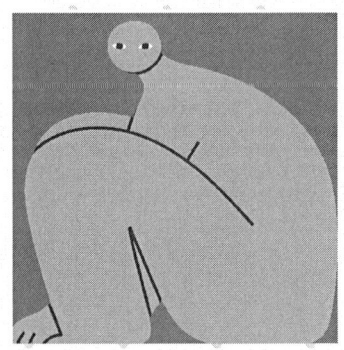

오늘 하루도 잘 살아 준 나,

정말 고마워

셀프 소통을 하게 된 이유

'긍정 관계를 위한 소통'을 주제로 강의하는 강사로서 활동한 지 벌써 10여 년이 지났다.

최근 나는 과연 긍정 관계를 위한 소통을 잘하고 있을까?

특히 나 자신과의 소통을 잘하고 있는지, 내 마음을 잘 알고 있는지 의문이 들었다.

바쁘다는 핑계로, 특별히 내 마음에 문제가 없다는 생각으로 생활하던 중에 셀프 소통을 할 수 있는 챌린지를 알게 되었고, 혼자보다는 함께한다면 꾸준히 할 수 있을 거라는 기대감으로 관심을 가지게 되었다.

무엇보다 셀프 소통으로 나의 마음을 이해하고 생각과 감정을 정리하고 해소하는 과정을 경험하고 싶었다.

그리고 1인 기업 강사로 일하는 나는 스스로를 관리하고 주도적으로 삶을 살아가는 능력이 필요하다. 셀프 소통을 통해 스스로 목표를 설정하고 행동하는 것이 원동력이 될 것이라는 기대감으로 시작하였다.

 기대 반, 염려 반으로 시작한 셀프 소통은 이제 나의 일상이 되었고, 긍정의 힘을 매일 경험하며 생활하고 있다.

 사람들은 누구나 어려운 역경을 이겨 낼 잠재적인 힘을 가지고 있다고 한다.

 이것은 마음의 '근력'과 같아서 훈련과 연습을 해야만 그 힘을 발휘할 수 있는 것이다. 셀프 소통은 나의 마음 근력을 단단하고 탄탄하게 해 주는 훈련 기술이 되어 주고 있다. 어떻게 마음 근력을 키우고 있는지, 그동안 내가 마음에 새기고 글로 적었던 감사하기와 긍정 확언을 책으로 엮어 보았다.

감사하기

2024년 7월 27일

맛있는 멕시칸 식당이 있다며 가족들과 함께 가고 싶다고 말해 주는 남편에게 감사합니다.

오랜 기다림 끝에 먹은 타코와 나초가 기대 이상으로 맛있어서 감사합니다.

감사 인사를 잘하는 아이들이 있어 감사합니다.

습하고 덥지만, 그래도 편하게 쉴 수 있는 공간이 있어서 감사합니다.

2024년 8월 2일

2박 3일 교육 과정이 성공적으로 마무리되어 감사합니다.

조금이라도 빠른 시간대의 열차를 탈 수 있음에 감사합니다.
나의 귀가를 기다리는 가족들에게 감사합니다.
시원한 열차 안에서 감사할 수 있음에 감사합니다.

2024년 8월 20일

아침에 커피 한잔 먼저 건네주는 동료에게 감사합니다.
나도 이런 다정함을 베풀어야겠다는 좋은 경험을 줘서 감사합니다.
오늘도 교육을 성공적으로 잘 마무리했음에 감사합니다.
역으로 마중 온 남편에게 감사합니다.
시원한 안방에서 감사로 하루를 마무리하고, 행복감을 느낄 수 있음에 감사합니다.

2024년 8월 22일

오늘 교육도 무사히 잘 마무리했음에 감사합니다.
맛있는 식사와 분위기 좋은 카페를 덤으로 경험할 수 있는 여행길 같은 나의 일에 감사합니다.
나를 위한 작은 선물을 준비해 준 동료에 감사합니다.
감사를 찾으니 감사할 것들이 보이는 것에 감사합니다.

2024년 8월 24일

온전히 나를 위한 맛있는 과일을 살 수 있는 작은 여유에 감사합니다.

새로 산 옷들이 마음에 들어 감사하고, 새로 산 옷만큼 옷을 버려 비움의 지혜를 알아 감에 감사합니다.

아침저녁으로 시원해진 날씨 덕분에 쾌적하게 잘 수 있어 감사합니다.

2024년 9월 3일

운동할 수 있는 좋은 시설의 스포츠센터가 집 근처에 있음에 감사합니다.

나와의 약속을 지킬 수 있는 오늘 하루에 감사합니다.

교육을 문의하고 요청하는 고객들에게 감사합니다.

나의 일을 하면서 아이들 돌볼 수 있는 나의 직업에 감사합니다.

2024년 9월 12일

오늘도 수영 수업에 참여할 수 있어서 감사합니다.

처음으로 배영을 배울 수 있음에 감사합니다.

친절한 수영 강사가 초급반 담당임에 감사합니다.

교육을 의뢰하고 강사 편에서 챙겨 주시는 담당자를 만날 수 있음에 감사합니다.

2024년 9월 24일

러닝으로 하루를 기분 좋게 시작함에 감사합니다.

마음처럼 몸이 움직이지 않지만 포기하지 않고 수영에 도전하는 나에게 감사합니다.

집중력을 발휘해 내일 강의 준비를 잘 마칠 수 있는 환경에 감사합니다.

감사할 것을 생각하며 하루를 마무리할 수 있음에 감사합니다.

2024년 10월 22일

친정엄마와 함께 시간을 보낼 수 있음에 감사합니다.

잠시 와 계시는 동안 일하는 딸을 위해 집안일을 도와주시는 엄마에게 감사합니다.

재킷과 코트의 단추를 다시 바느질해 주시는 엄마, 그 옷 입고 일할 때마다 생각날 것 같아요. 감사합니다.

2024년 10월 23일

안전하게 제시간에 집에 잘 도착하신 친정엄마에게 감사합니다.

친절하게 도와주신 고속버스 기사님에게도 감사합니다.

(모든 직업에 어려움이 있지만 장시간 여러 사람을 안전하게 모시고 이동시키는 일을 하시는 분들께 무한한 감사를 표하고 싶습니다.)

목표한 대로 일을 잘 해낸 나 자신에게 감사합니다.

좋아하는 음식으로 맛있는 저녁을 집에서 먹을 수 있음에 감사합니다.

감사함으로 하루를 마무리할 수 있어서 감사합니다.

2024년 10월 26일

어제 많이 먹은 죄책감을 아침 운동으로 날려 버릴 수 있음에 감사합니다.

둘째와 맛있는 추어탕으로 몸보신할 수 있음에 감사합니다.

초등학생인데도 어른 입맛을 가진 아들에게 감사합니다.

엄마와의 데이트에 행복해하는 아이에게 감사합니다.

곧 다가올 사춘기에도 이렇게 다정할 거냐는 물음에 "당연하죠"라고 답하는 아들에게 감사합니다. (기억하자, 오늘을, 아들아!)

걱정 없이 누워서 하루를 마무리할 수 있는 이 순간에 감사합니다.

2024년 11월 2일

주말 오전을 운동과 집안 정리로 알차게 보낼 수 있음에 감사합니다.

기대했던 아로마 강사 과정을 개설하고, 좋은 강의를 해 준 분들에게 감사합니다.

내 주변에 인성과 실력이 좋은 사람들이 많음에 감사합니다.

나는 역시 인복이 많은 운 좋은 사람임에 감사합니다.

가을을 누릴 수 있는 오늘 하루에 감사합니다.

감사 또 감사.

2024년 11월 10일

어머니 완쾌 기념 가족 모임을 할 수 있어서 감사합니다.

맑은 하늘, 시원한 바람을 느끼며 함께 먹은 식사에 감사합니다.

무사히 안전하게 이동할 수 있음에 감사하며, 서로를 위해 주는 가족들로 인해 안정감을 느낄 수 있어 감사합니다.

2024년 11월 18일

영하로 떨어진 날씨에 따뜻하고 안전하게 이동할 수 있는 차가 있음에 감사합니다.

우려했던 것보다 훨씬 집중하고 잘 들어 준 교육생들에게 감사합니다.

쉼과 회복을 할 수 있는 안전하고 편안한 나의 공간이 있음에 감사합니다.

감사함으로 하루를 마무리할 수 있어서 감사합니다.

2024년 11월 19일

일하고 온 엄마가 피곤할까 봐 밥을 해 놓은 둘째의 예쁜 마음에 감사합니다.

'아이는 나에게 선물이구나'라는 마음 가질 수 있게 해 주어 감사합니다.

네 식구 오순도순 저녁밥을 먹으며 행복감을 느낄 수 있음에 감사합니다.

오늘 진행한 워크숍이 목적에 맞게 설계되고, 목표에 맞게 잘 마무리할 수 있음에 감사합니다.

배부르게 먹을 수 있고, 편안하게 누울 수 있는 집이 있음에 감사합니다.

2024년 12월 21일

　죽음과 삶에 대해 생각이 많아지는 경험을 한 주, 먼 길이지만 달려가 조문할 수 있음에 감사합니다.

　올해만 몇 번째의 장례식인지…. 나이가 나이인 만큼 부고가 많음을 느낀다.

　어떤 말로 위로를 해야 할지 모르겠지만 고마워하는 언니의 모습에 내가 더 감사합니다.

　먼 길이었지만 덕분에 친정엄마 생신 당일, 정말 오랜만에 축하를 드릴수 있어 감사합니다.

　바리바리 싸 주신 엄마의 반찬에 감사합니다.

2024년 12월 30일

　무기력해지지 않도록 애쓰고, 운동으로 활력을 찾으려는 나에게 감사합니다.

　특별할 것 없는 일상에 감사합니다.

　가까운 곳에 좋은 도서관이 있고, 이용할 수 있음에 감사합니다.

　소박한 밥상도 맛있게 먹어 주는 가족에게 감사합니다.

2025년 1월 13일

오늘도 삼시 세끼 따뜻한 밥을 차릴 수 있는 나의 에너지에 감사합니다.

'나도 할 수 있다, 괜찮다' 다독이는 나 자신에게 감사합니다.

나의 기분을 살펴 주고 걱정해 주는 가족들에게 감사합니다.

2025년 1월 30일

좋은 사람들과 좋은 인연을 이어 갈 수 있음에 감사합니다.

비슷한 생각과 가치관으로 서로에게 긍정적인 에너지를 주고받을 수 있음에 감사합니다.

연휴 동안 나만의 시간을 가질 수 있게 해 준 남편에게 감사합니다.

2025년 2월 5일

오늘도 일할 곳이 있음에 감사합니다.

나의 이야기를 귀 기울여 주는 교육생과 가족들과 친구들이 있음에 감사합니다.

몹시 춥지만 따뜻하고 안정감을 주는 나의 집이 있음에 감사합니다.

돌이켜 보면 참 인복이 많은 나! 주변 사람들에게 많이많이 감사하면서 살아가겠다고 다짐합니다.
이를 알아차리는 나에게도 감사합니다.

2025년 2월 22일

책을 통해서 인사이트를 발견할 수 있음에 감사합니다.
몸의 피로를 알아채고, 쉴 수 있어서 감사합니다.
평온한 주말을 맞이할 수 있음에 감사합니다.

2025년 2월 24일

오늘 길고 긴 여정의 하루를 무사히 마무리했음에 감사합니다.
많이 고민해서 준비한 강의가 만족스럽게 시작했음에 감사합니다.
긴장의 연속인 하루지만, 나만의 회복력을 가지고 평안함을 찾을 수 있음에 감사합니다.

2025년 3월 4일

입학하는 아이들의 아침을 기분 좋게 시작할 수 있어서 감사합니다.

여러 가지 처리하고 해결해야 할 일들을 하나씩 해낼 수 있음에 감사합니다.

프리지아 꽃다발, 작은 케이크 하나로 아이들의 앞날을 응원하고 축하할 수 있음에 감사합니다.

꽃을 받아서 너무 기쁘고, 케이크를 먹고 싶었다고 말해 주는 아이들에게 감사합니다.

아이들은 부모에게 무한의 사랑을 주는데, 할 일이 많고 머리가 복잡하면 내 기준으로 아이들을 다그치고 말 한마디 다정하게 해 주지 않는 나 자신에게 아차 싶은 순간이 있습니다.

아이들을 통해서 부모와 아이들은 함께 성장합니다.

조금 더 다정하고, 따뜻하게 가장 가까운 사람들을 먼저 챙기길 다짐해 봅니다.

2025년 3월 9일

긴장된 한 주를 이완할 수 있는 주말의 여유에 감사합니다.

오랜 시간 동안 마음을 나눌 수 있는 지혜로운 사람들이 함께 있음에 감사합니다.

아이들이 그 시기에 맞게 잘 자라고 있음에 감사합니다.

감사로 주말을 마무리할 수 있음에 감사합니다.

긍정 확언

2024년 7월 15일

나는 솔직하고 품격있게 말하는 사람이다.

나는 매일이 기대되는 좋은 사람이다.

나는 다른 사람들에게 긍정적인 에너지를 주는 사람이다.

2024년 7월 16일

나는 작은 일에도 감사함을 느끼는 멋진 사람이다.

나는 사소한 일에도 칭찬하려고 노력하는 사람이다.

나는 상대방의 감정을 알아차리고 공감하는 사람이다.

나는 넘쳐 나는 정보 속에서 나만의 속도로 집중력을 발휘할 수 있는 사람이다.

2024년 7월 18일

나는 스트레스를 운동으로 관리하는 현명한 사람이다.

내가 고민하고 제안한 교육 프로그램을 많이 찾아 준다.

나는 심플하고 담백하지만, 힘이 있는 말을 할 수 있다.

2024년 7월 22일

미래의 소중한 나를, 오늘의 나를 더욱 아껴 준다.

과정 개발한 교육이 점점 체계가 잡히고, 전달력이 좋아진다.

나를 찾아 주는 고객사가 다양해지고, 많아지고 있다.

나는 건강한 방법으로 스트레스를 관리하고 있고, 몸과 마음이 탄탄해지고 있다.

2024년 7월 23일

나는 가까운 사람들에게 따뜻한 말을 건네는 사람이다.

나의 분야에서 깊어지고 넓어지고 있다.

기쁜 일이 있을 때 나를 떠올리는 사람들이 늘 있다.

2024년 7월 25일

아이들은 좋은 습관을 가지고 잘 성장하고 있다.

나는 나의 분야에서 단단하고 탄탄하게 성장하고 있다.

몸에 좋은 음식을 맛있게 먹으며, 멋지게 나이 들어 가고 있다.

사전 회의에서 의미 있는 논의를 하고, 교육 과정을 성공적으로 마무리한다.

2024년 7월 26일

나는 내가 나인 것이 감사하다.

나는 항상 나 자신을 칭찬하고 자부심을 가진다.

나는 삶의 모든 면에서 여유롭고 풍요롭다.

나는 매일 변화하며 성장한다.

2024년 7월 28일

목표 이미지를 명확하게 세우고 목표대로 살아가고 있다.

나이 듦이 두렵지 않고, 멋진 어른이 되고 있다.

몸과 마음과 정신이 건강한 상태로, 아침에 일어나는 것이 개운하다.

앞과 뒤가 같은 사람으로, 말은 적게 하고 행동은 명료하다.

2024년 8월 4일

나는 어려움을 이겨 내는 지혜가 있다.
나는 나의 일을 당당하게 해낸다.
일과 쉼의 밸런스를 잘 유지한다.
나는 기간 내 보고서를 잘 마무리한다.

2024년 8월 8일

나는 강의를 준비 중인 예비 강사들에게 실용적인 강의를 한다.
나는 좋은 강의 스킬과 더불어 좋은 태도를 갖춘 강사이다.
나는 오래 곁에 두고 보고 싶은 사람이다.
나는 부러움이란 감정을 솔직하고 건강한 방법으로 활용할 수 있다.

2024년 8월 12일

나는 모든 면에서 성장 중이다.

나와 주변 사람들은 서로 긍정적인 영향을 주고받는다.
타인의 기준보다 나의 기준으로 멋지게 살아간다.

2024년 8월 20일

인생의 여러 어려움을 나만의 방식으로 현명하게 극복한다.
내면과 외면을 다 가꿀 줄 아는 센스 있는 사람이다.
책을 통해서 나만의 콘텐츠가 나날이 탄탄해진다.
예측할 수 없는 미래의 불안함보다는 현재의 즐거움을 먼저 느낄 수 있다.

2024년 9월 1일

내가 원하는 일에 주도성을 가지고 일한다.
앞으로 내가 하는 일들은 과정은 즐겁고 결과는 만족스럽다.
시간을 효과적으로 활용하고, 나를 챙기는 시간을 가진다.
가까운 사람들에게 더욱 따뜻하고 다정한 말을 많이 전한다.
나는 내가 너무 소중하고 애틋하다. 그만큼 다른 사람들도 진심으로 대한다.

2024년 9월 6일

나는 자신을 잘 돌볼 줄 아는 지혜로운 사람이다.

자기합리화로 멈춰 있기보다는 작은 것이라도 도전하는 용기 있는 사람이다.

나는 나만의 속도와 방향으로 묵묵히 나의 길을 가는 멋진 사람이다.

주말 동안 휴식과 쉼으로 나를 챙겨 컨디션이 회복된다.

2024년 9월 7일

거절할 때 명확하게 거절하고, 도움을 줄 때는 확실하게 도와주는 사람이다.

과거의 실수에 머물기보다는 그것을 바탕으로 나아갈 줄 아는 사람이다.

쉼과 일의 밸런스를 잘 맞춰서 건강하게 생활한다.

2024년 9월 13일

나는 지혜롭고 마음이 여유로운 사람이다.

내가 마음먹고 행동으로 옮긴 일들은 늘 결과가 좋다.

현재의 감사함을 잘 알고, 겸손하게 미래를 준비한다.

2024년 9월 24일

나는 포기하기보다는 도전할 줄 아는 사람이다.

나는 모든 면에서 발전하고 풍요로워지고 있다.

조급함보다는 여유를, 예민함보다는 부드러움을 선택하는 것이 나의 강점이다.

의무감으로 참여했던 사람들에게도 가슴에 하나라도 새겨지는 울림이 있는 강사다.

나를 아는 모든 사람들의 행복과 풍요로움을 응원한다.

잘해 왔고, 잘하고 있고, 잘될 것이다.

2024년 10월 2일

망설이기보다는 행동하여 운과 복을 나에게로 끌어온다.

나의 감정을 잘 알아차리고, 상대방의 감정도 공감할 줄 안다.

세상을 넓게 바라보고, 마음 깊이 느끼고, 지속해서 행동하는 나는 멋진 사람이다.

2024년 10월 6일

내가 하는 말은 설득력이 있고 타인에게 도움이 된다.

일상 속에 있는 다양한 상황들을 유익하게 활용한다.

내 안의 힘을 믿고 추진력을 가지고, 계획하고, 하나씩 이뤄 나간다.

2024년 10월 9일

나는 포기하지 않고 수영을 계속 배운다.

반에서 제일 늦고, 못하지만 괜찮다.

다른 사람들은 생각했던 것보다 나에게 관심 없다.

나의 속도로 나아가면 된다.

나는 늦어도 꼭 해내는 사람이다,

퐁당퐁당 휴일 덕에 어수선한 10월 초를 잘 지내고 본격적으로 나의 일들을 제대로 잘 해낸다.

모든 면에서 나는 잘 해내고 있고, 더 잘될 것이다.

2024년 10월 12일

나는 정직하고 솔직한 사람이다.

나는 앞으로가 기대되는 사람이다.

나는 나의 미래를 스스로 계획하고 하나씩 이뤄 가고 있다.

나의 몸에 이로운 음식을 먹으며 더욱 건강해진다.

2024년 10월 28일

마음먹은 대로 해내고, 성과가 하나둘씩 나타난다.
여러 가지 일이 몰려올 때는 하나씩 차근히 해낸다.
서두른다고, 조바심 낸다고 달라지는 건 없다는 것을 안다.
출장을 안전하게 다녀오며, 목표대로 만족스러운 교육을 한다.

2024년 11월 6일

나는 확신을 가지고 나의 일을 잘 해낸다.
자신감을 가질 충분한 자격을 가지고 있고, 다른 사람들에게 선한 영향력을 준다.
바쁜 일정 속에 고요함을 느끼는 시간을 갖고 온전히 해낸다.
나의 마음을 잘 살피고, 소중한 사람의 마음도 살뜰히 챙기는 에너지가 있다.

2024년 11월 10일

급할 때일 수록 천천히, 여유를 가진다.
준비하고 계획한 대로 해내고, 만족감을 느낀다.
쉬운 강의와 일은 없다. 익숙한 일일수록 더 준비하고 노력한다.

갈수록 만족감이 커지고, 기쁨은 늘어난다.
즐길 줄 알고, 베풀 줄 알고, 공부할 줄도 안다.
이도 저도 아닌 애매함보다 하나라도 제대로 해낸다!

2024년 11월 23일
우려보다는 기대로, 긍정적으로 살아간다.
객관적으로 돌아볼 줄 알고, 그 안에서 지혜를 찾는다.
말과 식탐은 줄이고, 한 발짝 물러나 상황을 바라보고 공감한다.

2024년 11월 25일
시끌벅적 즐거웠던 주말의 에너지는 담고, 평온하고 집중하는 한 주가 시작된다.
이번 주 중요한 강의를 나의 스타일대로 하여 만족도가 높게 나온다.
평범한 일상 속에 소중한 가족들과 마음이 담긴 시간을 가진다.
나의 감정과 기분의 밸런스를 맞춘다.
나는 나를 믿고 사랑한다. 그리고 다른 사람들의 소중함도 기억한다.

2024년 12월 2일

나는 꾸준히 독서를 하며 안목과 지식을 넓힌다.
나는 작은 실천을 통해서 성장해 간다.
나는 내 안의 가능성을 믿고, 결국 해내는 사람이다.

2024년 12월 6일

오롯이 나를 믿고 나의 판단으로 헤쳐 나간다.
마음과 머리가 복잡할수록 지금 이 순간에 집중한다.
나는 나 자신을 사랑하고, 나와 가장 가까운 사람들을 존중한다.
오늘도 건강하고, 하는 일들이 순탄하다.

2024년 12월 15일

디지털 디톡스를 한다.
핸드폰을 손에서 좀 놓아 본다. 그리고 책을 더 가까이한다.
책에서 안정감을 느끼고 지식을 채운다.

갱년기라는 핑계로 까칠하지 않고, 담대하게, 쿨하게, 발랄하게 나이 들어 간다.

장거리를 안전하게 운전해 다녀온다!

2024년 12월 23일

아이들은 스스로의 힘을 키워 점점 더 성장한다.

나는 아이들을 지지하고 믿어 준다.

다정하고 따뜻하게 표현하고, 많이 많이 사랑해 준다.

미뤄 뒀던 일들을 차근히 해내고 새해를 맞이한다.

올해보다 더욱 좋은 일들이 많아진다.

2025년 1월 5일

올해는 내 안의 나를 키운다.

건강하고 품위 있게 나이 든다.

나와 아이들 그리고 남편은 서로 좋은 영향을 주고 성장하는 한 해가 된다.

많은 고민보다는 행동으로 옮겨 본다. 그리고 나를 믿는다.

2025년 1월 14일

나는 만나는 모든 사람들로부터 배우며, 그 경험 속에서 성장한다.

나는 매일 트렌드를 읽으며, 인사이트를 찾는 시간을 갖는다.

나는 나를 믿고 신뢰하며 굳은 마음으로 나아간다.

2025년 1월 21일

나는 천천히 나의 속도로 목표를 향해 나아간다.

나의 노력과 실력으로 원하는 결과를 얻는다.

나는 매일 작지만 새로운 시도를 하며 꾸준히 성장한다.

나는 나의 말과 행동에 진정성을 담고, 다른 사람들의 말을 존중한다.

2025년 1월 29일

나는 불안, 편견, 욕심 등의 감정을 잘 조절하고, 평정심을 유지할 수 있다.

나는 나의 마음과 몸의 건강을 위해 노력하고, 매일 단단해지고 있다.

나는 나 자신을 아끼고 사랑하며, 잘 이끌고 나아가 성장하고 발전한다.

2025년 2월 19일

내가 맡은 일은 주도성을 가지고 자신감 있게 해낸다.

나는 깊고 넓은 인간관계를 통해 자아를 확장해 나간다.

나는 실수도 하고 시련도 겪지만, 그것을 긍정적으로 잘 활용한다.

나는 잘해 내며, 나와 다른 사람들이 만족하는 결과를 얻는다.

나는 나를 믿는다.

2025년 2월 23일

나는 다소 늦더라도 반드시 훗날, 분명 누구보다 활짝 필 사람이다.

나는 내 목표를 이룰 수 있는 능력이 있는 사람이다.

나는 실력과 노력으로 내가 하는 일에 인정을 받는 사람이다.

2025년 3월 15일

나의 감정과 생각을 잘 알고, 나의 삶을 주도적으로 살아간다.

나는 다양한 관점을 가지고 있고, 변화의 시대에 유연하게 대처한다.

나는 하는 일마다 가치를 발견하고, 나날이 성장하고 좋은 성과를 얻는다.

육체적·정신적으로 건강하며, 경제적 자유를 누리며 산다.

이것을 실천하며 달라진 점,
독자에게 전하고픈 메시지

　　　　　나의 마음을 이해하고, 나 자신과 긍정 소통을 하는 연습을 하기 위해 시작한 셀프 소통이었지만, 처음에는 확신보다는 약간의 의무감으로 시작했다.

'이왕이면 나의 스타일로 해 보자'라는 생각으로 긍정 확언 3문장 작성으로 하루를 시작하고, 하루의 마무리를 감사하기로 끝내기로 했다.

긍정 확언을 통해 스스로에게 내가 하고자 하는 것들을 확신시켜 주고, 감사한 마음으로 하루를 마무리하기 위함이었다.

덕분에 하루를 활기차게 시작할 수 있었고, 감사할 것들을 찾으려고 하루를 떠올리고, 감사함을 생각하는 감정 덕분에 기분 좋게 잠들 수 있었다.

그리고 다음 하루를 또 긍정적으로 시작하게 되어 긍정의 기운이 매일 연결되는 것 같은 느낌이 들어 좋았다.

  셀프 소통을 하면서 좋은 점은 내가 생각하고, 말하고, 기록했던 긍정 확언처럼 행동하려고 노력하게 되는 것이다.

  그 노력 덕분에 일과 사람들과의 관계에서 예전보다 더 좋은 결과를 얻을 수 있었다.

  무엇보다 좋았던 것은 매일 글로 정리하면서 내면의 혼란을 정리하고 안정감을 주는 경험을 하게 되었다는 것이다.

  셀프 소통은 스스로 목표를 설정하고 행동하게 하는 원동력이 되었다.

  자신을 깊이 있게 이해하고 숨겨진 가능성을 발견하여, 나만의 최선의 방식으로 조금씩 성장해 가는 과정을 경험하게 해 주었다.

  이 과정을 통해서 1인 기업 강사로서, 쌍둥이 아이들을 키우는 워킹맘으로서 바쁜 일상을 살아가는 나에게 정신적 평안과 위안을 제공해 주었다. 그리고 자신을 돌보는 방법도 조금씩 알게 되었다.

  셀프 소통은 단순히 혼자 하는 대화가 아니라 자신을 이해하여 좀 더 나은 나로 성장시키며, 심리적 안정감을 위한 중요한 나만의 도구이자 무기가 되었다. 그러니 감사하기와 긍정 확언을 계속하게 되는 것이다.

과거에 대한 후회와 막연한 미래에 대한 불안으로 살아가는 나와 같은 평범한 사람들에게 셀프 소통으로 내면의 힘을 키우라고 추천하고 싶다.

황연경

나는 오늘도 괜찮습니다

셀프 소통을 하게 된 이유

　　　　　나는 살면서 요행을 바란 적이 없다. 지금의 커리어는 수많은 밤을 책상 앞에 보내고, 부족한 수면을 점심시간에 쪽잠으로 채우며 살아온 시간의 결과이다. 어느 한순간도 쉬운 날은 없었다. 2010년 당시, 나는 회사에서 교육을 총괄하는 책임자였다. 교육은 단순한 강의 운영 그 이상의 무게였다. 강의 개발, 교재 설계, 직무 평가와 면접 평가, 신규 인력 양성과 코칭, 각종 계획서와 보고서 등 방대한 업무를 수행했고, 실무에서 발생하는 크고 작은 오류는 곧 조직의 손실로 이어질 수 있어 나는 한순간도 긴장을 늦출 수가 없었다. 숨 고를 틈 없이 몰아치는 일정 속에서 하루하루를 전투처럼 보냈다. 그런 삶이 반복되다 보니 밤 11시에 잠들어도 새벽 2시면 어김없이 눈이 떠졌다. 머릿속은 늘 이런저런 생각들로 복잡했고,

미래에 대한 불안은 습관처럼 따라붙었다.

  그런 나에게 전환점이 있었다. 바로 나의 멘토 교수님과의 만남이었다. 임용 당시 몸담고 계신 국립대학교에서 최연소로 임용되셨던 분이었고, 인품과 실력을 두루 갖춘 진정한 커리어 우먼이었다. 그 교수님을 통해 나는 처음으로 '확언'이라는 개념을 접했다. 동기 선생님들과 자정이 넘도록 스터디 하며 서로의 계획과 생각을 나누고 피드백을 주고받았다. 나 자신에 대해 돌아보는 시간이 늘어났다. 나는 교수님께 배운 대로 노트에 삶의 목표를 적기 시작했고, 그 아래에 '나는 잘하고 있다.', '나는 잘할 수 있다.', '반드시 해낸다.' 등 다짐 수준의 확언도 남겼다. 믿음과 확신이 들지는 않았지만, 기분이 전환되는 것을 느낄 수 있었다. 그러나 솔직히 말하자면 당시 유행처럼 번지던 '시크릿 효과' 정도로만 여겼던 것 같다. 실천 기간도 길지 않았고, 매년 연초에 몇 줄 적고는 흐지부지되는 식이었는데, 당장 눈앞에 성과가 보이지 않아서 지속하지는 못했다. 하지만 7년 만에 땅을 뚫고 올라오는 대나무처럼, 이때 심어 둔 작은 씨앗은 오랜 기간 잠들어 있다가 삶이 흔들렸던 그 순간 싹을 틔우기 시작했다.

  멘토 교수님과의 만남 이후, 나는 새로운 목표를 향해 내가 가장 잘하는 '끈기'로 달려가기 시작했다. 학력과 직위, 그토록 원하던 타이틀을 이루었다. 대학에서 학생들을 가르치는 교수자로, 학회에서 연구 논문을 발표하는 박사이자 연구 프로젝트를 주도하는 책임연구자로 성장할 수 있었다. 나의 경력은 단지 이력서 위의 글자가 아니라 매 순간을 진심으로 살아 낸 발자취였다.

3년 전, 내 삶은 예상치 못한 방향으로 흔들렸다. 나는 결과와 성과를 중시하는 '일 중심의 사람'이라 인간관계에 크게 흔들리는 편은 아니지만, 함께 일하던 신뢰 기반의 관계에서 일방적인 단절이 발생했다. 준비하던 일이 무산되면서 큰 충격을 받았다. 마치 멀쩡하게 달리던 차가 갑자기 멈춰 버린 듯, 삶의 동력을 한순간 상실한 느낌이었다. 동시에 가족 내 복잡한 문제로 혼돈을 겪는 등 모든 상황이 한꺼번에 겹치며, 견고하게 유지해 왔던 나는 균형을 잃어버렸다. 살면서 어떤 역경에도 흔들림 없던 단단하고 매사 자신감 있던 내가 난생처음 땅속으로 가라앉는 기분을 느꼈다. 단단하다고 믿었던 마음이 무너지니 희망을 다시 채워 나가는 일은 쉽지 않았고, 하루하루가 버거웠지만 기저에 강인함이 있었기에 나의 일은 꾸준히 해 나갔다.

그러던 어느 날, 나의 귀한 하루하루를 이렇게 부정적인 감정으로 보낼 수는 없다는 생각에 정신이 번쩍 들었고, 하루 일과를 모두 마친 밤에 메신저를 통해 나에게 메시지를 보냈다. '나는 지금도 잘하고 있어.', '괜찮아, 나는 이미 많은 것을 이뤘잖아.', '지금까지 해 온 것처럼 끈기 하나로 다시 해낼 수 있어.' 나만을 위한 긍정의 문장을 나에게 보낸 것이다. 분노나 서운함보다는 '그럴 수도 있지', '인간은 누구나 자신에게 도움이 되는 방향을 택하게 되어 있어'라는 생각, 즉 진정한 용서를 할 수 있게 되었다. 신기하게도 나에게 다시 에너지가 생겨났고, 나는 '자신에게 보내는 긍정 메시지'가 누군가에게 의존하지 않고서도 마음을 치유할 수 있는 강력한 비결이라는 믿음을 갖게 되었다.

2023년, 나는 교육부의 지원을 받아 '행복플로리시를 위한 퍼스널 브랜딩 프로그램 개발'을 주제로 연구 프로젝트를 수행하게 되었다. 퍼스널 브랜딩, 삶의 의미, 행복플로리시, 성장 마인드셋, 멘탈력(강인한 정신력) 등을 중심으로 한 프로그램을 개발하고, 실질적인 내적·외적으로 유의미한 변화가 있는지 효과를 검증하는 연구였다. 프로그램 중 참여자는 감사하기와 긍정적인 자기 확언을 작성하는 활동을 수행하여야 했다. 참여자들은 "감사하기 쓰는 데에만 20분이 걸렸어요.", "매일 같은 삶을 사는 주부라 긍정 확언 쓰기가 어려워요."라는 말을 했지만, 함께 작성하는 단체 메시지 방에서 타인의 글을 읽으며 점점 달라졌다. 시간이 흐를수록 점차 참여자의 긍정 메시지와 스스로를 격려하거나 타인에게 감사하는 내용이 늘어났다.

프로그램 참여자의 긍정적인 심리 항목 전후 점수가 유의미하게 상승하였다. 물론 다양한 활동이 있었기에 그 모든 변화가 오직 감사하기와 긍정 확언 덕분이라고 단정할 순 없지만, 적어도 참여자의 변화를 이끄는 활동이었음은 자명하다. 프로그램 종료 후 진행한 인터뷰에서는 몇몇 참여자들은 마음 맞는 사람들과 감사하기와 긍정 확언을 계속 이어서 작성하겠다는 다짐을 전했다. 심리학의 한 이론에 따르면, 자신의 감정을 타인과 나누려는 것은 인간의 본성이고, 개개인의 감정은 주변에 있는 사람들에게 옮아 가는 아주 강한 힘이 있다. 감사하기와 긍정 확언은 단지 마음을 다스리는 도구가 아니라, 삶의 의미를 재구성할 수 있는 원동력이었다.

2024년, 교육 전문 기업인 러닝탑컴퍼니에서 감사하기와 긍정 확언 챌린지를 시작한다는 소식을 들었다. 연구자로서, 교육자로서, 삶의 실천가로서 참여하지 않을 이유가 없었다. 무엇보다 자발적 참여 의사로 모인 사람들로 구성된 챌린지라는 점에 주목했다. 2010년 나에게 보내는 긍정 메시지를 시작으로 연구 프로젝트를 통해 감사하기와 긍정 확언의 효과를 경험하여 확신이 있었고, 이번 기회에 나는 긍정의 파동을 온전히 느끼고 싶었다. 하루 5분, 감사하기와 긍정 확언을 쓰는 시간이 어느새 나의 루틴이 되었고, 힘들 때마다 기대고 위안받을 수 있는 보물 창고가 되었다.

감사하기

2024년 7월 15일

멘탈 챌린지에 참여할 수 있음에, 또 긍정 에너지가 가득한 분들과 함께할 수 있음에 감사합니다.

프로젝트를 진행할 수 있도록 도움을 주신 분들께 깊이 감사합니다.

주차하기가 하늘에 별 따기인 곳에서, 정말 좋은 자리에 편히 주차할 수 있었음에 감사합니다.

도보 이동할 때 비가 그쳐서 편히 이동할 수 있었음에 감사합니다.

2024년 7월 16일

오늘도 웃으며 힘찬 하루를 시작할 수 있음에 감사합니다.

내가 나를 좋아하고 사랑할 수 있음에 감사합니다.

멘탈 챌린지에 도전하고 이를 실천할 수 있는 상황이나 환경에 감사합니다.

오늘도 해야 할 일이 있는 것에 감사합니다.

2024년 7월 20일

오롯이 일에 집중할 수 있는 휴일이 있음에, 그리고 환경에 감사합니다.

배움으로 나를 채울 수 있음에 감사합니다.

폭우가 아닌 잔잔히 비가 내려 마음이 차분해지는 오늘에 감사합니다.

감사할 일이 매사 넘쳐남에 감사합니다.

2024년 7월 25일

새로운 초단기 프로젝트를 진행할 수 있어서 감사합니다.

내가 가진 달란트를 알아주는 분들이 계심에 감사합니다.

일을 좋아하는 사람임에 정말 감사합니다.

긍정 마인드로 하루를 열고 닫을 수 있어서 감사합니다.

2024년 7월 31일

지인의 도움으로 경제적인 견적을 받을 수 있게 되어 감사합니다.

감사의 글로 평온한 나날을 보낼 수 있어 감사합니다.

범사에 감사할 줄 아는 나로 매일 발전함에 감사합니다.

2024년 8월 1일

좋은 글로 하루를 시작하고, 마무리할 수 있어서 감사합니다.

"지금까지 넌 어려움이 닥쳤을 때마다 항상 그걸 뛰어넘어서 우뚝 섰어."라고 무덤덤하게 말해 주는 30년지기 찐친이 있어 감사합니다.

순간순간 감사함을 느끼고, 이것을 알아챌 수 있어서 감사합니다.

2024년 8월 2일

생각지 못했던 커피 선물, 선물 같은 8월을 시작함에 감사합니다.

감사함이 차곡차곡 쌓여 감을 느낄 수 있어서 감사합니다.

좋은 향기로 하루를 시작할 수 있어서 감사합니다.

지금의 인연, 그리고 흘러간 모든 인연에 감사합니다.

2024년 8월 4일

쉼과 일을 배분하며 일할 수 있는 주말이 있어서 감사합니다.

온 가족들이 평온하게 지낼 수 있어서 감사합니다.

일을 통해 성장할 수 있어서 감사합니다.

아직 부족하여 배울 것이 많음에 겸손하고, 또 감사합니다.

2024년 8월 7일

시원한 건강 음료로 하루를 힘차게 시작할 수 있어서 감사합니다.

주어진 과제를 묵묵히 수행하는 성실함에 감사합니다.

도움을 청하는 이에게 객관적인 시각으로 조언을 줄 수 있음에 감사합니다.

며칠간 하고 있던 안대를 풀고 두 눈으로 사물을 볼 수 있음에 감사합니다.

2024년 8월 12일

새로운 도전을 할 수 있어서 감사합니다.

인간관계에 연연하기보다 매 순간 최선을 다할 수 있어서 감사합니다.

지인의 기쁜 소식을 가장 먼저 듣고 축하해 줄 수 있어서 감사합니다.

아침부터 늦은 오후까지 교육에 대한 숙고와 성찰을 할 수 있는 계기가 있어 이에 감사합니다.

2024년 8월 18일

챌린지 2기가 바로 시작되어 나의 긍정성 강화를 계속 이룰 수 있게 됨에 감사합니다.

나의 개인 연구를 도와주는 학생에게 감사합니다.

잊지 않고 특별한 일이 없음에도 먼저 연락하여 안부를 묻는 친구들이 있어서 감사합니다.

2024년 8월 19일

마음을 열고 나에게 늘 편하게 다가와 주는 학생들에게 감사합니다.

분석에 대해 고퀄리티라는 기분 좋은 피드백을 주심에 깊이 감사합니다.

새로운 도전을 꿈꾸고 실천해 나갈 수 있어서 감사합니다.

진심 어린 글로 저에게 새로운 감동과 동기를 주는 챌린지 선생님들께 감사합니다.

2024년 8월 25일

99를 가진 자가 그 하나를 채우기 위해 욕심부리고, 시기와 질투가 난무하는 이 세상에서, 흔들림 없이 오직 나에게 집중할 수 있음에 감사합니다.

밀린 수면을 보충하고 개운함과 에너지를 동시에 느낄 수 있어서 감사합니다.

예민한 성향임을 알고 신경 쓰이지 않게 모든 면에서 나를 배려해 주는 식구들에게 감사합니다.

2024년 8월 26일

시장에서 열심히 일하는 상인들을 보고 현장의 열기를 느끼며, 나 또한 열정을 높일 수 있음에 감사합니다.

아웃백 할인을 잔뜩 받고 맛난 음식을 배불리 먹을 수 있어서 감사합니다.

감사한 일들이 하루에 끝도 없이 생겨남에 감사합니다.

2024년 8월 28일

오늘의 새로운 그리고 성공적인 경험에 감사합니다.

새로운 지식을 습득하고 여유로운 하루를 보낼 수 있음에 감사합니다.

마음이 힘든 날도 내 삶의 일부임을 인정하고 받아들일 수 있는 나의 내적 성장에 감사합니다.

2024년 9월 3일

오늘 무사히 일정을 마칠 수 있음에 감사합니다.

나를 단련하는 계기가 되었음에 감사합니다.

시원해진 바람과 함께 찾아온 가을밤에 감사합니다.

좋은 사람들이 곁에 있고, 늘 응원해 줘서 감사합니다.

2024년 9월 6일

처음 간 카페 2층, 모두 일하는 사람들로 가득 찼지만 조용한 피아노곡이 흘러나오고 통화하는 것마저 조심스러운 곳이었습니다. 길지 않은 시간 동안, 힐링하듯 일할 수 있어서 감사합니다.

어머니와 간만에 데이트를 하며 다양한 채소를 먹으며 건강을 챙길 수 있어서 좋았고, 긍정 에너지가 완충되어 있으신 어머니에게 늘 감사합니다.

챌린지 덕분에 겸손함을 배웁니다. 원장님을 포함한 챌린지 멤버들에게 감사합니다.

2024년 9월 9일

긍정적인 분들과 함께할 수 있는 시간을 가졌고, 모든 분들께 감사합니다.

운동의 중요성과 신체의 소중함을 다시 한번 느낄 수 있어서 감사합니다.

오랜 지인들이 서로에게 아낌없이 마음을 전하고 늘 고맙다는 표현을 합니다. 이분들께 정말 감사합니다.

챌린지 덕분에 긍정적인 면을 빠르게 크게 볼 수 있게 되었습니다. 챌린지 참여자분들께 감사합니다.

2024년 9월 19일

힘겨웠던 강의를 통해 더 노력해야겠다는 열정이 생겼고, 강의 하나하나에 소중함을 느끼게 되어 감사합니다.

큰일이 아님에 정말 감사합니다.

예상치 않게 해외에서 빠른 답변을 받게 되어 감사합니다.

즐기는 삶을 조금이나마 느낄 수 있음에 감사합니다.

모든 게 챌린지 덕분입니다~

2024년 9월 22일

혼자서 하던 것을 다른 분들과 함께할 수 있는 챌린지가 있어서 참 감사합니다.

순조롭게 일들이 진행되고 있음에 감사합니다.

혼자 오롯이 일에 집중할 수 있는 공간이 있고, 그리할 수 있음에 감사합니다.

좋은 음성으로 나의 이미지를 긍정적으로 형성할 수 있음에 감사합니다.

2024년 9월 23일

의미 있는 나눔을 실천할 수 있음에 감사합니다.

무탈하게 하루를 보낸 것에 감사합니다.

주변에 있는 각 분야 전문가에게 감사합니다.

오롯이 노력과 끈기, 열정으로 만들어진 내가 자랑스럽고, 가족을 포함한 주위 분들께 감사합니다.

최애 계절인 깊은 가을이 다가오고 있어서 감사합니다.

2024년 9월 24일

원하는 방향으로 일이 추진되고 있고, 도움을 주는 분들께 깊이 감사합니다.

오늘도 변화를 주도하는 삶을 실천할 수 있어 감사합니다.

어떤 상황에서도 멋지게 헤쳐 나가는 내가 믿음직하고, 자랑스럽고, 참 감사합니다.

내일 오늘보다 더 힘찬 하루를 보낼 것을 알기에 이 또한 감사합니다.

2024년 9월 27일

성공적인 결과물을 도출하기 위해 쉼 없이 노력할 수 있어서 감사합니다.

나에게 업무를 의뢰해 주신 분들께 감사합니다. 또한 그 이상의 결과로 보답할 수 있는 나의 역량과 프로적 마인드에 감사합니다.

하루하루를 열정적으로 살면서 자야겠다는 마음을 먹음과 동시에 꿈나라로 고속 주행하는 나의 몸 상태에 감사합니다.

2024년 9월 30일

사고 없이 일정을 마침에 감사합니다.

잘 참은 나를 칭찬하고 감사합니다.

성공적인 견학에 감사합니다.

챌린지로 다져졌기에 스트레스를 견디었습니다. 소중함에 감사합니다.

2024년 10월 2일

오직 결과물과 실력으로 승부하겠다는 힘찬 다짐을 하며 스스로 동기 부여 했습니다. 도전 의식을 갖고 실천할 수 있음에 감사합니다.

사람 됨됨이를 알 수 있는 기회가 주어짐에 감사합니다.

나의 마음이 평온해짐에 감사하고, 이는 챌린지 덕분입니다.

2024년 10월 4일

오늘 일정을 성공적으로 마무리할 수 있음에 감사합니다.

나를 지지해 주는 오랜 지인들에게 깊은 감사를 드립니다.

너무나 젊은 나이에 별이 된 사촌의 명복을 빌며, 오늘 하루 모든 것에 감사합니다.

고난 또한 지혜를 습득하는 과정이라 생각하니 감사할 따름입니다. 더 큰 시련이 아님에 깊이 감사합니다.

속마음을 터놓을 한결같은 동료가 곁에 있어 감사합니다.

2024년 10월 6일

해외 출장, 코칭, 클라스로 지친 몸의 피로를 아주 긴 꿀잠으로 풀 수 있어서 감사합니다.

클라스에 참여한 선생님과 청소년들이 행복한 시간을 제공할 수 있어서 감사합니다.

기가 막힌 곱창집에서 짧은 시간 동안 친절한 사장님의 노하우를 들었습니다. 노력과 차별화가 성공을 이끈다는 생각을 할 수 있어 이에 감사합니다.

이렇게 감사의 글을 쓸 수 있는 여유로운 아침에 감사합니다.

2024년 10월 8일

오늘도 안전히 일정을 보내었음에 감사합니다.

갈등의 현장에서 난처했지만, 교육으로 분위기를 개선할 수 있어 감사합니다.

굳이 내가 하지 않아도 되는 일을 하고 있을 때가 있습니다. 오늘의 일정을 통해 '가치'에 대한 성찰과 다짐을 했습니다. 감사합니다.

신나게 집중하여 일할 수 있는 내일이 기다려지고, 감사합니다.

2024년 10월 11일

나로 인해 용기를 얻었다는 연구 참여자분들께 감사합니다.

오랜 세월 믿고 다니는 안경점이 있어서 참 감사합니다. 오늘 하루도 무탈함에 감사합니다.

짜증 한번 없었던 하루 감사합니다.

2024년 10월 14일

평온하고 무탈한 하루를 보낼 수 있어서 감사합니다.

가벼운 피로감은 얼마든지 회복 가능하고, 스트레스가 아님을 감사하게 여깁니다.

　나뿐 아니라 타인의 성공을 도울 수 있는 나의 달란트에 감사하며, 더욱 정진하리라 마음먹었습니다.

2024년 10월 20일

　잠시 미뤄 두었던 페이퍼를 완성함에 뿌듯하고 감사합니다.

　지인들의 부모님 부고를 연이어 듣고 있습니다. 남 일 같지 않아 부모님께 잘해야겠다는 생각과 함께 존재만으로도 감사합니다.

　전일할 일이 많은데도 잠이 쏟아졌는데, 오늘은 컨디션이 돌아와서 일에 집중할 수 있었고, 이에 감사합니다. 모든 일에는 회복하는 시간이 필요한 듯….

2024년 10월 24일

　반복된 설명을 계속해야 함에 오늘은 조금 힘들었지만, 그래도 차분히 감정 조절하며 설명을 지속한 나를 칭찬하며 짜증 없이 하루를 보내도록 도와준 챌린지에 감사합니다.

　잡다한 생각을 할 겨를 없이 바쁘게 보낼 수 있었던 오늘 하루에 감사합니다.

많은 일들을 하고 있지만, 일을 좋아하는 사람이라 참 다행이고, 감사합니다.

2024년 10월 29일

나의 도움에 감사함을 느껴 주심에 더 감사합니다.

취소 건으로 받은 스트레스, 이로 인한 감정 변화는 매우 약했고, 시간은 짧았습니다. 챌린지 덕분이라 생각하며 감사합니다.

지인으로부터 선물을 받았고, 그 마음에 깊이 감사합니다.

2024년 11월 3일

한숨 못 자고 새벽에 차로 이동하면서 진한 커피 한잔에 안전한 운행을 할 수 있어서 감사합니다.

작은 선물에 고마워하는 가족에게 새삼 감사합니다.

평소보다 에너지가 부족하지만, 이 정도면 예전에 비해 나이스하다는 사실에 감사하고, 더 좋은 것을 먹고, 보고, 행동해야겠습니다. 또한 2025년은 지금보다 더 감사할 일이 많기를 바라며….

2024년 11월 10일

진짜 겸손은 굳이 내가 표현하지 않아도 타인이 느낄 수 있으며, 이에 대한 생각을 깊게 할 수 있어 감사합니다.

비 오는 날만큼이나 차분한 하루를 보낼 수 있어서 감사합니다.

누가 뭐라 하든 나의 경력과 경험은 가치 있고, 나를 둘러싼 인적·물적 자원에 감사합니다.

2024년 11월 17일

견학에 큰 도움을 준 현지 선생님께 감사합니다.

배송이 늦어져 함께 방법을 찾기 위해 고심해 준 선생님께 감사하며, 기막힌 타이밍에 수령할 수 있어서 감사합니다.

신선한 회를 저렴한 가격에 구입하여 가족들과 즐거운 시간을 가질 수 있어서 감사합니다.

모든 일에는 시간이 필요하다는 것을 다시금 깨닫게 되어 감사합니다.

2024년 11월 20일

타깃팅이 불가능하여 운에 맡겼지만, 생각보다 샘플링이 잘

되어 감사합니다. 역시 행운은 늘 내 곁에 있습니다.
 갑자기 PC에 문제가 생겼지만 원활히 해결되어 감사합니다.
 소화 기관 정상화로 힘차게 하루를 시작할 수 있어서 감사합니다.

2024년 11월 22일
 드디어 오늘 행정 처리가 되었고, 도움을 주신 모든 분들께 감사합니다.
 사무실 청소를 하고 나니 마음이 가벼워 일이 손에 잘 잡혀 감사합니다.
 1년에 딱 한 번, 매년 부담이던 일이 그저 덤덤하게 느껴져 감사합니다.

2024년 11월 28일
 긍정의 표현을 습관화하는 것이 얼마나 중요한지를 깨닫게 되어 감사합니다.
 다른 사람의 환경적 요인에 대한 존중은 결국 좋은 관계 형성에 도움이 된다는 것에 감사합니다.
 어떤 사안에 대한 중요도와 긴급도는 업무 이해관계자 간에도 차이가 있음을 인정하고, 격차가 더 크지 않았다는 사실에 감사합니다.

2024년 12월 1일

　시간이 촉박하고, 일이 많을 때 요청이 들어오고, 이 상황은 늘 나에게 짜증 그 자체였지만 이제 그러려니 하고 오히려 도움을 줄 수 있어 감사합니다.
　인간관계에서 성숙함이 중요하다는 것을 다시금 깨닫게 되어 감사합니다.
　소중한 시간을 귀하게 여기고 아껴 쓰고 있음에 감사합니다.

2024년 12월 14일

　시간에 쫓겨 촉박하지만 내가 잘하고 좋아하는 일을 하고 있어서 행복하고, 감사합니다.
　좋은 아이디어로 풍성한 결과물을 만들어 낼 수 있어서 감사합니다.
　일을 할수록 실력이 증진되고 커리어가 쌓여 감에 감사합니다.

2024년 12월 22일

내가 잘할 수 있고 좋아하는 일이 나의 업이라 감사합니다.

긍정적인 삶을 살아갈 수 있는 환경에 감사하고, 에너지 넘치는 사람임에 감사합니다.

오늘 하루 정리하는 일과를 보냈고, 이제 맘 잡고 다시 책상에 앉은 이 순간, 매사 감사합니다.

2025년 1월 20일

주요 사업들을 마무리하여 감사합니다.

무언가를 마무리하고 새로운 시작을 하는 것에 대한 염려나 두려움보다 기대로 가득할 수 있어 감사합니다.

나의 힘의 원천은 내 안에 있음에 감사합니다.

2025년 1월 22일

강의를 성공적으로 마무리하고 긍정적인 피드백을 받아 감사합니다.

나를 세상에서 가장 사랑하지만 다른 사람이 보기에 도를 넘지 않고, 자신감은 있지만 자만으로 보여지지는 않으며, 겸손하지만 비굴하지 않는 지혜를 가지고 실천할 수 있어 감사합니다!

평온한 밤을 보낼 수 있는 안락한 집이 있어서 감사합니다.

2025년 1월 24일

아직 2024년을 보내지 못한 느낌! 이제야 진짜 2025년을 마주하여 새롭게 시작하는 기분! 감사합니다.

설을 앞두고 늦은 시간에 의뢰를 받아 감사합니다.

도움 드린 선생님이 오늘 인터뷰가 성공적이었다는 소식에 감사합니다. 나의 지식과 경험이 도움이 되었다니, 이보다 기쁜 일이 또 있을까 싶습니다.

2025년 1월 25일

엄두가 안 나 미뤄 두었던 보틀들을 정리한 나를 칭찬하며, 여유 있는 하루를 보냄에 감사합니다.

손가락 통증의 원인을 정확히 알았습니다. 내 몸을 아껴야 한다는 것을 다시 한번 깨닫는 계기가 되어 감사합니다.

설 인사 겸 분석 컨설팅을 연결해 주신 선생님께 감사합니다.

비록 나의 일은 아니지만, 나로부터 시작된 변화로 좋은 소식을 전하는 분들께 감사합니다.

2025년 2월 7일

요 며칠 타인의 글을 읽으며 따뜻한 마음으로 공감할 수 있어서 감사합니다.

홀로 계신 친척에게 식사 대접을 했고, 어르신께서 고마움에 눈물을 글썽이셨습니다. 진심을 알아주시니 저 또한 감사했습니다.

요 며칠 불편한 마음이 있었지만 내가 신이 아닌 이상 타인의 마음 통제할 수 없고, 이를 인정하니 다시 평정심을 찾아 이에 감사합니다.

2025년 2월 11일

일을 통해 알게 되었으나, 벌써 5년째 학문적 멘토, 멘티가 되어 상호 긍정의 결과를 나누고 있습니다. 좋은 인연에 감사합니다.

깊은 고민 끝에 결정한 행동이었고, 며칠 후 감사 메시지를 받았습니다. 용서를 실천한 성숙한 나를 칭찬하고, 비로소 해방된 것에 감사합니다.

2025년 2월 12일

  일이 손에 안 잡히는 건지 마음이 일에 안 잡히는 건지 도통 알 수 없는 하루였음에도, 오늘 해야 할 작업을 무사히 마무리한 나를 칭찬하며, 감사합니다.

  하나를 알면서도 세상의 모든 진리는 아는 듯 교만하지 않는 자세, 많은 것을 익혔음에도 아직 부족한 것이 많다는 겸손한 태도. 잠시 마음의 끈을 붙잡지 않으면 한쪽으로 치우치기 마련! 차분한 하루를 보내며 나의 내면에 집중할 수 있어서 감사합니다.

2025년 2월 16일

  돌발 상황에도 능숙하게 대처하여 성공적으로 행사를 마무리할 수 있어 감사합니다.

  소규모로 익일 행사를 할 수 있게 되었고, 타인의 성공을 도울 수 있게 되어 감사합니다.

  타인의 좋은 소식에 진심으로 축하할 수 있는 나의 내적 성장에 감사합니다.

긍정 확언

2024년 7월 15일

나는 매일매일 내적으로 더욱 깊이 있게 성장하고 있다.

나는 모든 프로젝트를 성공적으로 마무리하여 커리어를 지속적으로 업그레이드한다.

나는 내 삶의 모든 영역에서 충만한 인생을 영위한다.

나는 어떤 상황에서도 침착하고 지혜롭게 행동한다.

2024년 7월 16일

나는 내일을 즐기는 열정이 있는 사람이다.

내 주변은 온통 긍정 에너지로 가득 차 있다.

나는 품격 있는 언행으로 다른 사람에게 모범이 된다.

나는 어제보다 나은 나를 만들어 가는 지혜와 용기를 가지고 있다.

2024년 7월 17일

나는 나의 지식과 재능으로 주위에 긍정적인 영향을 주는 사람이다.

나는 모든 상황에서 이성과 감성을 활용할 수 있는 지혜로운 사람이다.

나의 주변에는 내가 본받고 싶은 사람들로 가득하여 상호 에너지를 주고받는다.

2024년 7월 20일

나는 어떤 상황에서도 차분하고 평온하다.

나는 오롯이 마주한 일에 집중할 수 있는 몰입하는 사람이다.

나는 나의 모든 것을 믿는다.

나는 나의 목표를 충분히 달성할 수 있는 사람들이다.

2024년 7월 22일

나는 신뢰감을 주는 목소리로 가치 있게 내용을 전달하는 사람이다.

나는 여유가 느껴지는 말과 행동을 하여 품위를 유지한다.

나에게 오늘은 성공 그 자체이다.

2024년 7월 24일

나에게는 좋은 기운이 있으며, 자석처럼 주위의 긍정 에너지를 끌어당긴다.

나는 내가 일을 통해 나날이 성장하고, 더 여유로워지고 있는 중이다.

나는 목표에 전념하여 최고의 성과를 창출하는 사람이다.

나는 모든 면에서 여유로우며, 이는 나의 역량을 더욱 강화시킨다.

2024년 7월 25일

나는 모든 일에서 최상의 성과, 최고의 결과물을 창출한다.

나의 좋은 기운은 일로 연결되며, 나는 점점 더 여유로워지고 있다.

나는 새로운 일도 능숙하게 해내는 사람이다.

2024년 7월 26일

나는 매일매일 모든 면에서 점점 발전하고 있다.
나는 마주한 모든 일을 지혜롭게 헤쳐 나갈 수 있는 사람이다.
나는 품격 있는 언어와 행동으로 많은 이에게 감동을 주는 사람이다.

2024년 7월 28일

나는 오늘 촉박하게 주어진 업무를 성공적으로 마무리한다.
나는 나를 믿고, 사랑하고, 존중한다.
나는 온화한 마음으로 슬기롭게 맡은 일을 성실히 해내는 사람이다.
나의 일은 세상을 이롭게 하며 가치 있다.

2024년 7월 31일

나는 매일 성장하고, 발전하는 리더이다.
나는 신뢰감을 주는 언행으로 다른 사람의 마음을 움직이는 사람이다.

나에게는 장기적인 일이 있으며, 이는 나의 커리어와 경제력을 증진시킨다.

나는 어떤 상황에서도 지혜롭게 문제를 해결할 수 있는 능력이 있다.

2024년 8월 2일

나는 능동적인 태도로 살아간다.

나는 성공적인 삶을 살며 세상을 이롭게 한다.

나에게는 좋은 에너지가 있고, 주위의 사람과 나누며 점점 운이 좋아진다.

2024년 8월 4일

나는 행복한 사람이다.

나는 주변 상황을 긍정적으로 해석하는 능력이 있다.

나에게 세상의 좋은 기운이 모아져 나는 항상 최고의 역량을 발휘한다.

나는 10을 알고도 1을 아는 사람처럼, 겸손함이 몸에 배어 있다.

2024년 8월 5일

나는 상황을 있는 그대로 받아들이며, 문제 해결 능력이 탁월하다.

나에게는 따뜻한 마음이 있고, 주변 사람들에게 선한 영향력을 준다.

나는 올 하반기에 최상의 컨디션으로 최고의 성과를 창출한다.

2024년 8월 7일

나는 사람을 믿고 아끼는 너그러운 사람이다.

나에게는 창의적인 아이디어가 있고, 이것을 활용하는 있는 능력이 있다.

나는 부족함을 인정하는 겸손한 사람이다.

나의 확언은 반드시 이루어진다.

2024년 8월 11일

나는 타인의 성장을 돕는 기버이자 서포터인 동시에 리더이다.

나는 몸의 변화를 빠르게 알아차리고 적합한 대응을 할 수 있다.

나는 품격 있는 언어 표현으로 내가 가진 지식을 전달한다.

나는 모든 날을 사랑한다.

나는 짧은 시간에도 많은 일들을 해내고 있다.

나는 깊이 있는 지식과 경험으로 나와 타인의 삶에 희망을 준다.

2024년 8월 16일

나는 시간을 아끼고 소중히 여기며 값지게 사용한다.

나는 올해보다 내년 더 크게 성장한다.

나는 성공적인 하반기를 만들고, 이를 토대로 2025년을 알차게 계획한다.

나는 손에 잡힐 듯한 목표를 달성하고, 멀리 보이는 목적 성취함으로써 자아를 실현한다.

나는 평온하고 여유로운 마음을 가지고 있다.

2024년 8월 18일

나는 유연한 사고와 대처 능력을 가지고 있다.

나는 성공에 점점 더 가까워지고 있다.

나는 모든 일에 진심이고, 장기전에 강하며, 투지와 열정으로 성과를 창출한다.

나의 지식은 매일 향상되고, 축적되며, 깊이 있다.

나는 시간, 경제, 인간관계 등 삶의 다양한 영역에서 여유롭다.

2024년 8월 20일

나에게는 좋은 사람들이 주위에 있고, 긍정의 에너지를 늘 주고받는다.

나는 내려놓음을 실천할 수 있는 사람이다.

나는 하반기 최대의 성과를 냈고, 이를 토대로 25년을 더 알차게 살아가고 있다.

나는 하반기 성공과 행복을 모두 이루어 어느 해보다도 멋진 2025년을 보낸다.

2024년 8월 25일

나의 확언은 힘이 있고, 반드시 이루어진다.

나는 세상을 이롭게 하는 능력이 있고, 이를 통해 모든 면에서 나는 성장한다.

나는 운이 좋고, 늘 행운이 함께하며, 하고 싶은 모든 것을 이룬다.

나의 달란트는 통합되어 나의 막강한 교육, 연구 근원이 된다.

2024년 8월 26일

나는 오늘 처리해야 할 일을 슬기롭게 그리고 지혜롭게 해결하였다.

나에게는 어려움을 헤쳐 나갈 수 있는 강인한 정신력이 있고, 점점 더 강해진다.

나에게는 말과 글로 명확하게 내용을 전달한 능력이 있다.

나는 2024년 가을, 겨울에 일이 상반기에 비해 많아지고, 2025년에는 급격히 많아져 경제적 여유를 획득한다.

2024년 8월 28일

나는 나의 모든 재능을 하나로 통합하여 성공적인 성과를 창출한다.

나와 오래된 좋은 사람들을 아끼고 사랑한다.

겸손이 충만한 성공만이 오래 유지되고, 존경으로 이어지며, 나는 그 모든 것을 이루었다.

2024년 9월 6일

나는 흔들림 없이 내 길을 꾸준히 가는 강한 멘탈을 가지고 있다.

나는 긍정적 사고로 가득 채워져 있어 행복을 느끼며 실천한다.

나의 목표는 점점 더 가까워지고, 그 이상을 달성하며 이는 성과로 연결된다.

2024년 9월 8일

나는 오늘 긴 시간의 업무에 휴식을 적절히 활용하며, 건강하게 일한다.

나는 자투리 시간을 효율적으로 활용하여 업무의 성과를 높이는 데 활용한다.

2025년에는 삶의 전환점이라 할 만큼 큰 성과를 이루고, 그러한 역동적인 성공 변화는 오늘부터 나타난다.

2024년 9월 16일

나는 건강한 심장을 가지고 있다.

나는 연휴에 쉬며 재충전하고, 그래도 된다.

내가 원하는 것을 건강하게 성취한다.

2024년 9월 22일

나는 오늘 해야 할 3가지 일을 모두 성공적으로 마무리한다.

올가을과 겨울에 나에게 더 많은 일들이 찾아와 즐기며 강의하고, 연구한다.

나의 출장은 성공적이고, 리더로서 출장 목적을 염두에 두고 실행한다.

나는 실력 있고 여유로우며, 타인에 대한 애정을 가지고 있다.

나는 내가 하려는 모든 일을 해냈고, 앞으로도 원하는 것을 결국 이루어 내는 사람이다.

2024년 9월 25일

나는 건강하고 안전하게 에너지 넘치는 하루를 보낸다.

나의 일은 더 많아지고, 삶의 모든 영역에서 자유로워진다. 나의 삶은 행복 그 자체이다.

출장 준비는 정확히 진행되며, 일정은 완벽하다.

점점 일이 많아져 경제적 여유와 성공적인 삶을 영위한다.

나는 내가 원하는 것을 모두 이루어 낸다.

나의 확언은 현실로 이루어졌다.

2024년 9월 27일

  나의 능력은 무한대이고, 지금 하고 있는 그 많은 일들을 성공적으로 완수한다.
  내가 추진하는 금번 출장은 최상의 결과물과 최고의 성과 그리고 참석자에게 행복한 추억으로 남았다.
  어떤 순간에도 나는 품격을 유지하고, 선을 지킬 줄 아는 사람들이 늘 곁에 있다.
  나는 스트레스를 대응하는 능력이 매우 뛰어나며, 오히려 학습의 기회로 활용한다.
  나는 깊은 호흡을 통해 스트레스를 조절할 수 있다.

2024년 10월 4일

  나는 힘찬 에너지로 하고자 하는 모든 일들을 성공적으로 이루어 냈다.
  나의 말에는 힘이 있고, 진심을 전달하는 능력이 있어 의도하는 방향으로 주어한다.
  나는 내가 생각하는 것보다 더 위대하고 대단한 사람이다.

나는 차분하고 침착한 사람이다.

나의 긍정 에너지는 좋은 사람들을 끌어당기며, 주변에 좋은 분들이 포진되어 있다.

2024년 10월 6일

나는 마음이 여유롭고 평정심을 유지하는 사람이다.

나에게 있는 에너지는 무한하며 매사 무게감과 깊이감이 있다.

나에게는 나를 믿고 의지하는 사람들이 있으며, 나 또한 이들을 믿는다.

나는 나의 선택과 결정을 존중하고 상황에 맞는 신중한 행동을 하는 사람이다.

나에게 주어진 일들을 모두 순조롭게 마무리한다.

강의 및 클라스가 점차 늘어나 서로 조화로운 성장을 이룬다.

늘 그랬듯 나는 나를 믿는다.

2024년 10월 7일

내 짜증의 원인은 완벽주의 성향에서 오는 불안 때문이다. 통제할 수 없는 것이 있다는 것을 인정하자. 이것만 실천해도 내 삶이 더 풍요로워진다.

  새로운 사람에 대하여 함부로 평가하거나 애써 이해하려 하지 않는다. 특히 후자로 인해 고생했음에도 반복하는 어리석음에서 벗어나자. 내가 좋은 사람이면 너무 애쓰지 않아도 좋은 분들과의 인연은 이어진다. 나는 좋은 사람이다.

  나는 지금 그토록 원하는 일을 하고 있고, 더 많은 강의를 하여 가치와 경제력이 급증한다.

2024년 10월 10일

  나의 긍정 확언은 힘이 있다.

  오늘의 일정도 무사히 마치며 즐겁게 일한다.

  나는 삶의 전반에 걸쳐 여유로움을 누린다.

  이해하기 어려운 사람을 억지로 이해할 필요 없다. '왜 그럴까?'라는 생각도 시간 낭비다. 차라리 나는 그 시간에 나에게 집중하고, 나의 일에 몰입한다.

  나의 가치는 시간이 갈수록 높아지고, 관계자들이 인정하며, 러닝탑을 통해 강의 섭외가 더 많이 들어온다.

  올 연말부터는 눈코 뜰 새 없이 강의가 넘쳐나고, 최고의 2024년을 기록한다.

2024년 10월 27일

나의 입은 신뢰감을 주는 언어가 담긴 그릇이고, 언제 어디서든 긍정의 언어로 변화를 주도한다.

나의 능력은 무한대이고, 필요할 때 100% 발휘한다.

긍정 마인드는 나를 지탱하는 힘임을 인정하고, 내면을 단단히 잡고 실행한다.

나는 행복이 스며드는 자연스러운 삶을 위해 오늘도 노력한다.

2024년 11월 17일

건강한 신체는 모든 일의 출발점이다.

지금의 어려움은 반드시 극복하고 나는 더 크게 성장한다.

최상의 결과물로 지금까지의 노력에 대한 보상을 스스로 하게 하며, 전문성을 강화한다.

2024년 11월 22일

오늘 오후부터 내일 오전까지 가사를 하되 일에 대한 걱정은 잠시 내려놓는다.

시작함과 동시에 속도가 붙고 잠재력은 최상의 결과를 창출하는 데 크게 기여한다.

나는 범사에 감사하고 강화된 내면은 내 삶의 에너지이다.

나에게는 무궁무진한 잠재력이 있으며, 이 잠재력은 상황에 따라 엄청난 능력으로 발휘된다.

2024년 12월 6일

나는 끝까지 힘을 분배하고 유지한다.

선한 사람과 야욕으로 가득 찬 사람은 감추려 해도 타인에게 보여지기 마련, 나는 선한 사람이다.

나의 새로운 아이디어를 결과물로 멋지게 도출하여 성과 창출로 연계된다.

나는 나의 선을 지키면 된다. 선 넘는 타인보다 나에게 집중한다.

2025년 1월 24일

나는 습관화된 평정심과 평온함으로 여유 있는 삶을 누린다.

자랑하지 않아도, 드러내려 하지 않아도, 깊이 있는 지식과 내공이 곧 나의 아우라이다.

늘 그래 왔듯 설 연휴를 알차고 힘차게 보낸다.

잠시 일을 하지 않아도 괜찮고, 무슨 일이 생기지 않으며, 쉼에서도 나는 성장한다.

2025년 2월 2일

나는 에너지가 충만하고 충분한 역량을 발휘한다.

나에 대하여 집중하고 여유로운 한 해를 보낸다.

일이 점점 늘어 시간적·경제적 여유를 갖는다.

사회적인 면을 가정 내에서도 유지하여 가족 관계가 더욱 발전한다.

내 일 전반에 걸쳐 확실한 성과를 이루고, 성공적이고 잊지 못할 2025년을 만든다!

하면 되고, 할 수 있다! 지금껏 그랬듯이!

2025년 2월 7일

2025년 성과 목표 달성을 위하여 누구보다 열심히 노력한다.

나에게는 탁월한 아이디어와 이를 구조화·구체화시키는 능력이 있으며, 짧은 문서에 모든 것을 성공적으로 담아낸다.

나의 실력은 나날이 발전하며, 오롯이 나의 노력을 통해 이루어 낸다.

나의 3가지 사회적 역할에서 나는 실력으로 인정받고, 존경받는 사람이다.

나는 시간적·경제적으로 여유로우며, 이를 기반으로 나와 가족들은 모두 평온하고 안정되며, 행복한 삶을 누린다.

2025년 2월 13일

나는 액셀과 브레이크를 상황에 따라 조절하며 지속적으로 전진하는 삶을 산다.

세상도 변하고 사람도 변한다. 이것을 인정하니 나의 마음은 평온하다.

나는 나를 믿는다. 더한 상황도 이겨 왔다! 늘 그랬듯 내가 위너이다.

긍정의 에너지가 넘쳐 나고, 기분 좋은 소식이 2월 내내 들려오며, 이는 성과로 연결된다.

2025년 2월 17일

힘차게 열심히 살아온 만큼, 나의 모든 일은 순리대로 풀린다.

내가 하는 모든 일은 의미 있고, 가치 있으며, 나와 타인을 살리는 명예로운 일이다.

어느 해보다도 올해는 경제적, 정신적, 신체적으로 모든 면에 있어서 여유롭고 만족하며, 충만하다.

염려했던 오늘의 일정을 성공적으로 진행하여 그간의 감사함을 보답한다. 파이팅!

2025년 2월 18일

불필요한 고민, 복잡한 상황은 오늘로써 마무리한다.

전문가는 어떤 사람인가에 대한 생각했다. 무언가를 요구하기에 앞서 그만한 역량을 갖췄는지 스스로를 평가할 필요가 있다. 내가 세상을 너무 타이트하게 살아왔나 보다. 하지만 이로 인해 성장했으므로 나는 꾸준히 같은 방식으로 달려 나간다.

나에게는 긍정적인 에너지가 있고, 이런 상황에서도 스스로를 다스려 일상은 평온하다.

틀어지고 꼬이는 상황은 술술 풀리는 더 큰 행운과 행복으로 돌아온다.

2025년 2월 20일

감정의 근원을 찾기 위해 나와 마주할 자신이 있고, 인정한다.

나이가 들수록 말을 줄인다. 많은 말은 상대에게 정보 제공도, 소통도 아닌 그저 소음이다. 피로감만 줄 뿐! 나의 품격은 내가 높이고 유지한다.

배려가 당연함으로 받아들여지는 이 세상에 내가 나를 지키는 것은 매우 중요한 일이다. 전일의 심리적 피로감이 오늘은 사라진다.

2025년 2월 21일

내가 하는 모든 말과 행동에는 책임이 따르고, 많은 사람들에게 영향력 있는 사람은 늘 이에 대한 무게감을 느껴야 할 것이다. 나는 영향력 있는 사람이고, 말과 행동에 책임을 지며, 앞서 가는 리더이다.

하나를 모른다고 해서 모든 것을 모르는 것이 아니므로 부끄러워할 필요도, 속상할 필요 없다! 고작 하나를 알면서도 삶의 모든 이치를 아는 양 행동하는 교만이 더 위험한 삶의 태도이다.

가로채는 사람, 훔쳐 가는 사람, 엿보는 사람, 평가만 하는 사람, 지적질하는 사람, 웃고는 있지만 시샘하는 사람 등 우리 주변에서 쉽게 보는 소위 부정 에너지 전파자들이다. 나의 긍정 에너지는 이들로 인한 영향을 거의 받지 않는다. 그만큼 나는 단단하고 흔들림 없으며, 누가 뭐라 하든 묵묵히 내 길을 걸어

간다.

2025년 2월 22일

나의 욕구와 희망에 대한 확신이 있고, 이를 지지한다.

해도 되고, 안 해도 되는 말이면 굳이 표현하지 않지만 내면의 에너지는 더 깊고 단단해진다.

긍정적 상황에서도, 부정적 상황에서도, 나는 굳세게 이겨 내며 전진한다.

나는 올해 2025년, 세상 행복하다!

2025년 3월 7일

내 삶은 내가 원하는 방향으로 가고 있으며, 가속이 붙어 빠르고 정확하게 도달한다.

나는 매일 모든 면에서 좋아지고 있다.

나는 나의 직업에서 성과를 내고, 전문가로 성공한다.

1년 중 가장 중요한 이 시기를 지나면 나는 또 업그레이드되며, 성과로 연결된다.

모든 것은 내 안에 있다! 내가 전부다!

이것을 실천하며 달라진 점, 독자에게 전하고픈 메시지

　　　　　　최근 연구에 따르면 자발적인 자기 긍정은 좋은 삶과 밀접한 관련이 있고, 심리적 위협 상황에서 완충제 역할을 하게 된다. 또 자발적 자기 긍정은 삶의 의미 인식을 높이고, 이는 지루함 경향성을 낮추는 원인으로 작용하는 것이 검증되었다. 또 다른 연구에서 감사 성향은 타인의 호의에 감사함을 느끼고 표현할 수 있는 특성으로 우울감 감소, 안정감 증진 등 긍정적인 효과가 검증된 바 있다.

　챌린지를 하며 내가 느낀 가장 큰 변화는 감정의 중심이 흔들리지 않는다는 점이었다. 아무리 힘든 하루라도, 이 작은 글쓰기를 통해 나는 다시 중앙점으로 돌아왔다. 이것이 잘 사는 것의 원천이 아닐까? 오랜 기간 스스로에게 해 왔던 질문, '잘 사는 것이 무엇이고, 어떻게 실천해야 하는가?'에 대한 자그마한 느낌표를 이 챌린지를 통해 비로소 얻게 되었다.

특히 업무적으로 지치거나 예기치 못한 상황에 직면했을 때, 감사하기와 긍정 확언은 나의 감정과 정서를 스스로 돌보도록 도왔다. 그 변화는 대인관계나 업무 등 삶의 다양한 영역에서 안정감을 주었고, 나는 더 견고해졌다.

무엇보다도 놀라운 건 나와 함께 챌린지를 해 온 사람들과의 공감이었다. 타인의 글에서 내 경험보다 더 진한 감동과 위로가 느껴지기도 했다. 긍정은 함께 나눌 때 에너지가 강해진다는 것을 비로소 깨달았다.

나에게 이 챌린지는 좋은 추억을 기록한 메모장이자 힘들 때 언제든 기댈 수 있는 안식처인 동시에 스스로 성장할 수 있는 양분이 가득한 보물 창고이다. 함께하는 챌린지에서 많은 이들이 필자보다 더 좋은 경험을 하고, 더 멋진 삶을 살길 바란다.

박경화

나는 오늘도 성장하고 있고,

나아가고 있다

셀프 소통을 하게 된 이유

      살아가다 보면 우리는 크고 작은 시련을 마주하게 됩니다. 때로는 하루의 시작이 버겁게 느껴지고, 별일 아닌 듯 보이는 일에도 마음이 쉽게 무너질 때가 있습니다. 저 역시 그런 순간들을 숱하게 겪으며 마음의 무게에 짓눌린 적이 많았습니다. 그러던 어느 날, 저는 작은 습관 하나를 시작하게 되었습니다. 아침에 일어나 거울을 보며 스스로 긍정적인 말을 건네는 것이었습니다.

"나는 오늘도 잘 해낼 수 있어."
"나는 충분히 가치 있는 사람이야."

처음에는 어색하고 인위적인 느낌이 들었지만, 매일 스스로 긍정의 메시지를 전하기 시작하면서 마음속에 작은 변화가 일어났습니다.

긍정 확언은 생각보다 큰 힘을 가졌습니다. 부정적인 생각에 휩싸일 때마다 긍정의 말을 스스로에게 되뇌면 마음이 한결 가벼워지고, 무기력했던 일상에 조금씩 생기가 돌기 시작했습니다. 그리고 또 하나의 습관이 저를 변화시켰습니다. 하루의 끝에 감사한 일을 하나씩 적어 내려가기 시작한 것입니다. 처음에는 감사할 일이 마땅히 떠오르지 않았습니다. 하지만 '따뜻한 햇살을 느낄 수 있어서 감사하다.', '오늘 마신 커피가 맛있어서 행복했다.'와 같이 아주 사소한 것에서부터 감사함을 찾기 시작하자, 제가 얼마나 많은 축복 속에서 살아가고 있는지를 깨닫게 되었습니다.

긍정 확언과 감사 일기는 제 삶을 바꾸는 원동력이 되었습니다. 하루하루 스스로를 격려하고 작은 행복에 감사하는 습관을 통해 삶에 대한 태도가 바뀌었고, 어떤 상황에서도 마음의 중심을 잡을 수 있는 힘이 생겼습니다. 이 책은 제가 직접 경험한 긍정 확언과 감사의 힘을 독자 여러분과 나누고자 하는 마음에서 시작되었습니다.

이 책을 통해 여러분도 스스로를 사랑하고, 일상의 작은 기쁨에 감사하며 삶의 긍정적인 변화를 경험하길 바랍니다. 여러분의 하루가 조금 더 밝아지고, 마음이 한결 가벼워지기를 진심으로 바랍니다.

감사하기

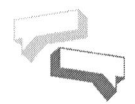

2024년 7월 18일

하루 일정을 계획대로 잘 마무리하고 안전하게 귀가함에 감사하다.

컨설팅을 통해 유능하고 신뢰할 만한 개발업체를 소개받을 수 있어서 감사하다.

사업의 롤 모델을 통해 실질적인 준비나 행정들에 대한 가능성을 알 수 있어서 감사하다.

주변의 좋은 분들과의 협력이 잘 연결되고 도움받을 수 있음에 감사하다.

피곤해도 집중할 수 있는 일이 있고, 해야 할 일이 있어서 감사하다.

2024년 7월 20일

미용실 원장님이 내가 쓰던 펌 약(약품이 단종되어 제품이 없었는데)을 일부러 구해 오셔서 시술해 주시는 것에 감사하다.

강원도 옥수수 1박스를 선물로 주시겠다는 조안 샘 덕분에 맛있는 간식을 가족들과 먹을 수 있음에 감사하다.

아들이 엄마 이부자리도 직접 깔아 주고, 불평 없이 심부름도 잘해 줘서 감사하다.

시간에 구애받지 않고 마음 편하게 일할 수 있는 지금의 사무실 공간이 있음에 감사하다.

2024년 7월 21일

친정 식구들과 한자리에 모여 맛있는 저녁을 함께 먹고 편한 시간을 보내서 감사하다.

저녁 준비에 수고하신 엄마 덕분에 맛있는 식사할 수 있음에 감사하다.

늘 곁에서 딸에게 힘이 되어 주시는 부모님이 계셔서 감사 또 감사하다.

새롭게 개척되는 일들이 처음이라 어려운 게 많지만, 그 또한 하나씩 해낼 수 있기에 감사하다.

오랜만에 뵌 강사님들이 반겨 주시고 안부 물어 주셔서 좋은 응원에 감사하다.

2024년 7월 31일

불합리한 상황에 화가 많이 났지만, 침착하게 받아들이고 마음에서 털어 낼 수 있어서 감사하다.

연락해야 하는 신 대표를 만나서 미팅 협의된 상황에 감사하다.

업무 협약식 잘 마무리하고 다른 기관과도 소개받아 연결되어서 감사하다.

커피 한잔과 함께 내 말을 들어 주고 위로해 주는 친구가 있어서 감사하다.

오늘 하루도 최선을 다한 나에게 감사하다.

2024년 8월 4일

아이들과 안전하게 동생네를 다녀온 하루에 감사하다.

동생네와 이야기하며 편안한 시간을 보낼 수 있어서 감사하다.

동생네 가정에 잠시라도 안정과 평안함이 찾아오는 지금에 감사하다.

행복한 타인의 삶을 보면서 동기 부여 받을 수 있는 마음의 공간이 있음에 감사하다.
다음 주 일정을 겹치지 않게 잘 정리되어서 감사하다.

2024년 8월 6일
같은 공간의 9층 사무실 대표님들과 고민과 생각들을 공유하는 시간에 감사하다.
생각하는 방향대로 가고 있는 지금의 삶에 감사하다.
남편이 저녁에 아이들 챙겨 주고 일할 수 있는 환경을 만들어 줘서 다행이고 감사하다.
컨설팅 받을 수 있는 지원 사업에 연결된 상황에 감사하다.
지금의 사무실에 입주한 기회는 다시 생각해도 감사하다.

2024년 8월 10일
다행히도 작은아이가 낯선 캠프에서 잘 지낸 것 같아서 감사하다.
김 대표와 진행되는 여러 가지 상황들을 얘기하고 마음을 풀 수 있어서 감사하다.
좋은 수업을 들을 수 있었던 1주일 감사하다.

생각한 대로 진행해 갈 수 있어서 감사하다.
운동하면서 내면을 더 단단하게 다짐할 수 있어서 감사하다.
시원하게 일할 사무실 공간이 있어서 너무 감사하다.

2024년 8월 15일

모처럼 가족들과 저녁 시간을 함께 보내서 감사하다.
아이들이 장난치고 신나는 모습에서도 감사하다.
가을이 오는 바람과 풀잎 소리와 곤충 소리에 감사하다.
마음을 놓지 않으려 애쓰는 나에게 감사하다.
급한 상황의 문제들을 침착하게 해결할 수 있어서 감사하다.
미리 걱정하지 않고 마음을 다독일 수 있어서 감사하다.

2024년 8월 18일

모처럼 친정 가족들과 여름 휴가를 같이 보낼 수 있어서 감사하다.
동생이 해 주는 맛있는 음식 먹으며 쉴 수 있어서 감사하다.
아이들이 모두 안전하게 놀아서 감사하다.
가족들이 곁에 있다는 건 참 행복한 일이다. 감사하다.
불편한 일 처리에 관한 것들을 잘 소화시키려 해서 감사하다.

아이들의 칭찬 감사 작성 노트를 계속 이어 가고, 챌린지에 동참하는 마음에 감사하다.

2024년 8월 22일

사무실 동료 대표님들과 전반적인 정보를 공유한 시간에 감사하다.

사무실 식구들과 함께 맨발 걷기(처음 시도) 하면서 생각을 정리하고 마음을 다잡을 수 있는 시간이 있어서 감사하다.

아이들이 저녁 시간에 평화롭게 잘 보내고 있어서 감사하다.

꿈꾸고 기대할 수 있는 가능성에 도전할 수 있는 마음과 상황에 감사하다.

걱정하고 포기보다 차근차근 정신력을 가다듬고 해낼 수 있어서 감사하다.

2024년 8월 27일

오늘 긍정 확언을 한 일들로 강의를 마무리할 수 있어서 감사하다.

새벽의 먼 거리를 안전하게 달려 강의 시간에 잘 도착해서 감사하다.

교육 담당자에게 좋은 팁을 얻을 수 있어서 감사하다.

생각했던 긍정 확언의 일들이 실행되는 하루여서 감사하다.

안전하고 편안한 숙소가 연결되고 쉼을 얻을 수 있음에 감사하다.

2024년 8월 30일

나의 진행되는 일들을 자연스럽고 자신감 있게 전달할 수 있는 상황에 감사하다.

예전부터 생각했던 일들이 하나씩 실행되는 것들을 확인하면서 감사하다.

고민하는 생각을 조금 더 냉정하게 객관화시킬 수 있어서 감사하다.

운동을 미루지 않고 목표치만큼 실행하고 와서 감사하다.

오랜만에 후배와 통화하고 내가 경험했던 것으로 도움 줄 수 있어서 감사하다.

전자레인지가 갑자기 고장 나서 당황했지만, 무사히 아이들 밥을 먹여서 등교시켜서 감사하다.

2024년 9월 10일

매 순간 계획한 대로 진행되는 게 아니어도 감사하다. 감사로 상황을 이긴다.

마음을 다잡고 일에 몰입해 내는 내 모습을 격려하고, 감사하다.

커피 한잔에 마음을 진정시키고 답답함을 달랠 수 있음에 감사하다.

나를 객관적으로 바라보며 강점을 강화시켜 갈 수 있는 안목이 있음에 감사하다.

사소한 것도 포기하지 않고 계속 몸에 익숙해질 때까지 노력하는 내 모습에 감사하다.

도전하고 있는 아침의 루틴을 잘 실천하고 있음에 감사하다.

2024년 9월 12일

매일매일 일할 것이 있음에 일하러 나갈 사무실이 있음에 감사하다.

준비하던 일에 좋은 소식이 연결되고 함께 응원해 주는 동료들이 있어 감사하다.

스스로를 격려해 주고, 믿고, 응원해 주는 내면의 힘이 있어서 감사하다.

강의를 마치고 빗길에도 사고 없이 안전하게 귀가해서 감사하다.

지금의 과정을 감사하며 집중할 수 있음에 감사하다.

타인의 성취 과정을 보면서 힘을 얻을 수 있음에 감사하다.

조용하게 나의 내면을 더 강화해 갈 수 있는 시간에 감사하다. 내면의 근력이 점점 강화되고 버틸 수 있는 힘이 있음에 감사하다.

2024년 9월 18일

명절 연휴 동안 무탈하고 평안한 일상에 감사하다.

동생네 가정이 힘든 고비들을 하나씩 잘 넘어가면서 작은 평안함을 찾고, 마음의 여유가 생기고, 함께 웃으며 애기할 수 있는 지금의 상황에 감사하다.

부모님이 곁에 살아 계시고, 늘 나의 지지자로 힘이 되어 주심에 감사하다.

엄마의 가슴 따뜻한 응원의 손 편지에 울컥한 하루였다. 진정으로 나를 응원하고, 격려해 주고, 살아갈 힘이 되어 주심에 감사하다.

아이들이 명절 연휴 동안 잘 먹고 다치는 상황 없이 안전하게 잘 놀아서 감사하다.

시원한 가을바람을 느끼며 게으름 피우지 않고 운동으로 마무리한 하루에 감사하다.

2024년 9월 25일

하루의 감정과 생각을 잘 마무리하고 심기일전할 수 있어서 감사하다.

무엇보다 나를 더 집중하고 나를 더 생각하는 상황에 감사하다.

이겨 나가야 할 힘든 일들이 있지만, 나를 더 단단하게 다져가는 지금의 시간에 감사하다.

삶의 방향성을 재점검하며 길을 잃지 않음에 감사하다. 흔들려도 포기하지 않고 걸어가고 있는 지금에 감사하다.

커피 한잔으로 나 자신에게 하루의 휴식을 전할 수 있어서 감사하다.

생각하는 삶을 위해 시간을 투자하고, 고민하고, 고통스러운 지금이지만 나를 만들어 가는 과정임을 알기에 너무나 감사하다.

2024년 9월 28일

오늘 좋은 공연을 보고 오랜만에 지인들과 소식을 나눌 수 있어서 감사하다.

  준비하는 여러 가지 일들의 과정을 축하하며 격려해 주는 친구들이 있어서 힘이 되고 감사하다.

  좋은 때에 맞추어 진로에 맞는 대학원을 선정할 수 있어서 감사하다. 두렵지만 반드시 넘어야 할 산이기에 적절한 때에 마음을 먹고 준비할 수 있어서 감사하다.

  오늘 하루 게으른 나를 보며 질책과 비난보다 스스로 해낼 수 있는 힘을 전달한 나에게 감사하다.

  큰아이가 중간고사 시험을 잘 치르고 와서 감사하다. 포기하지 않고 스스로 노력하고 애쓰는 모습에 대견하면서도 감사하다.

  엄마 치료를 위해 병원 진료를 무사히 잘 다녀오고, 안전하게 집에 도착할 수 있어 감사하다.

  오고 가는 길에 엄마와 소소한 얘기도 나누며 마음을 알아 가는 시간이 있어서 감사하다. 함께 점심을 먹으면서도 서로를 격려하는 오늘의 시간에 감사하다.

2024년 10월 4일

  아이들과 맛있는 점심을 먹으면서 편한 시간을 보낼 수 있어서 감사하다.

누군가의 부고 소식으로 허망하다는 느낌을 받은 하루였지만, 고인의 영면을 기도하며 삶을 소중하게 생각하는 오늘이 감사할 뿐이다.

더 많이 사랑하며 행복한 순간을 보내고 싶은 소망에 감사하다.

가을에 느낄 수 있는 풀벌레 소리에 감사하다.

지인에게 마음의 좋은 빚을 갚을 수 있는 기회가 생겨서 감사하다.

상황을 잘 판단하여 큰 싸움으로 커지지 않은 것에 감사하다. 이 일로 큰아이 자신에게 생각해 보고, 반성할 경험이 되었음에 감사하다.

2024년 10월 12일

오늘 하루를 무탈하게 가족들과 잘 보내서 감사하다.

아이들이 같이 잘 놀고 안전하게 귀가해서 감사하다.

부모님과 좋은 저녁 시간을 함께 보내고 이야기하는 보통의 하루에 감사하다.

좋은 모습으로 응대해 주는 누군가를 통해 친절과 배려를 알게 되어서 감사하다.

포기하지 않고 해내려는 단단한 마음으로 성장하고 있어서 감사하다.

2024년 10월 14일

그저 오늘 하루 잘 견디고 어려운 상황을 잘 이겨 냄에 감사하다.

지금도 나는 긍정 확언대로 성장하고 있고, 이는 곧 몸부림치고 있다는 흔적이기에 감사하다.

조금 더 나은 나를 기대하고, 오늘이 좋은 양분이 되길 기대하며 감사하다.

아무것도 아닌 것 같지만, 누구보다 나 스스로를 사랑하며, 주어진 상황에 감사하며 나아간다.

원망이나 불평, 불만보다 긍정적으로 받아들이는 지금의 나에게 감사하다.

2024년 10월 22일

오늘 100일 챌린지를 시작한 나의 각오와 의지에 감사하다.

오늘 해야 할 업무들을 잘 마무리한 하루에 감사하다.

아이들이 먹고 싶어 하는 저녁 메뉴를 만들어 줄 수 있고, 잘 먹어 줘서 감사하다.

나를 위해 건강한 식사를 제공하고, 잘 먹고 실천해서 감사하다.

늘 나의 감정을 잘 절제하고 좋은 선택을 할 수 있어서 감사하다.

긍정 챌린지를 잘 따라와 주는 두 아들이 기특하고 감사하다. (벌써 200일 돌파)

큰아들이 자기의 생각을 잘 전달해 주고, 내가 사과를 할 수 있는 기회가 주어져서 감사하다.

2024년 10월 26일

가족들과 맛있는 저녁을 먹으면서 소소한 행복을 누리는 시간이 감사하다. 친정 아빠가 맛나게 잘 드셔서 더 감사하다.

토요일 하루 아이들을 위한 시간으로 집에 있음에도 감사하다.

이번 주 챌린지를 잘 진행해 가고 본질의 변화를 위해 노력하는 모습에 감사하다.

아침에 따뜻한 커피 한잔에도 행복을 느끼는 마음에 감사하다.

누군가에게 소통함으로 힘이 되어 줄 수 있어서 감사하다.

엄마 수술일을 착오 없이 잘 예약하고, 일정 관리를 할 수 있음에 감사하다.

2024년 10월 31일

여러 가지 어려운 상황들 속에서도 중심을 지키며 해결해 낸 오늘에 감사하다.

대학원 면접이 만족스럽진 않았지만, 그래도 무사히 마칠 수 있어서 감사하다.

안전하게 오고 가며 복잡한 생각들을 정리할 수 있어서 감사하다.

나의 상황을 잘 아는 동료가 있어서 감사하고, 위로와 격려와 응원을 해 주는 고마운 마음에 더 감사하다.

몸이 아프다는 것은 쉼이 필요한 시간이다. 쉴 수 있게 몸이 신호를 보내 줘서 감사하다.

부족한 것을 생각하고 스스로를 객관화할 수 있는 시간에 감사하다.

2024년 11월 2일

친척분들과 오랜만에 만나서 서로의 안부를 인사하고 소식을 나눌 수 있어서 감사하다.

바쁜 하루 마무리를 잘 해내서 감사하다.

친척 동생의 결혼식을 함께 축하하며 가족들과 좋은 시간을 보내서 감사하다.

결혼식 손님들로 이것저것 챙기고 해야 할 일이 많았지만, 식구들이 안전하고 편하게 다녀올 수 있어서 감사하다.

늘 가족들의 이야기를 통해 위로와 격려를 받을 수 있음에 감사하다.

일의 균형을 맞춰 가며 삶의 행복을 느낄 수 있음에 감사하다.

아이들이 중간에서 심부름과 잘 도와줘서 감사하다.

2024년 11월 7일

큰아들이 무탈하게 수학여행을 잘 마치고 귀가해서 감사하다.

사무실 동료와 오랜만에 저녁 식사 하며 소식을 전할 수 있어서 감사하다.

해야 할 일을 미루지 않고 바로 작성해서 시간 내에 마무리할 수 있어서 감사하다.

온전히 일에 집중하며 에너지를 사용한 오늘에 감사하다.

나를 더 사랑하며 챙기려 하는 지금의 노력에 감사하다.

2024년 11월 15일

면접 본 대학원의 합격 소식에 감사하다.

감사하면서 작은 일에도 감사하게 되는 마음의 공간이 있음에 감사하다.

힘든 상황에도 마음의 중심을 잡아 가는 내가 기특해서 감사하다.

일하는 즐거움을 느낄 수 있음에 감사하다.

다녀온 강의에서 좋은 평가가 있어서 감사하다.

2024년 11월 17일

엄마와 은행 단풍 보면서 함께 가을의 시간을 보낼 수 있어서 감사하다.

저녁 메뉴를 마음에 들어 하시고 맛있게 드셔서 감사하다.

좋아하는 가을의 계절을 느낄 수 있는 여유가 있어서 감사하다.

챌린지를 지속해 나가는 힘이 생기고 있음에 감사하다.

아침에 맛있는 커피 한잔과 함께 묵상하고, 주어진 것에 감사할 수 있음에 감사하다.

귀찮지만 해야 할 소소한 일들을 미루지 않고 해내서 감사하다.

2024년 11월 22일

오래된 지인들과 소박한 점심을 먹으며 소소한 행복을 느끼며 웃을 수 있는 시간이 있어서 감사하다.

마음이 요동하지 않도록 마음의 중심을 잡을 수 있는 내면의 근력이 있음에 감사하다.

아이들이 스스로 자기 일을 잘 해내서 감사하다.

큰아이가 속이 탈이 났었는데, 많이 아프지 않고 진정되어서 감사하다.

나 스스로의 부족함을 인정하고 반성한 하루였음에 감사하다.

내일을 또 희망하며 내면의 근력이 쌓여 가는 지금에 감사하다.

2024년 12월 1일

어제의 혼란에 긴장된 하루였지만 무사히 마무리해서 감사하다. 오늘 하루 잘 보냈음에 감사하다.

아들과 같이 사무실에서 각자 할 일 하며 집중한 시간에 감사하다.

아이들과 소소한 일상을 나누며 누리는 지금에 감사하다.

부모님이 해 주신 곰탕을 먹으며 따뜻함과 사랑, 감사함을 느낄 수 있음에 감사하다.

맑은 하늘과 따뜻한 하루여서 감사하다.
나를 찾는 이들이 있음에 감사하다. 함께 나눌 수 있음에 감사하다.

2024년 12월 11일

급성 위염 때문에 새벽 내내 구토와 복통으로 응급실을 다녀와서 정신없는 이틀을 보냈다.
스트레스로 인한 몸이 보내는 신호를 무시할 수 없지만, 잘 견디고 잘 버텨 냈음에 감사한 지금이다.
해야 할 일이 산더미 같지만, 미리 걱정하지 않고 집중하고 마음을 다잡아 가는 지금에 감사하다.
어려움 앞에 포기하지 않고 해내려는 나의 마음과 의지에 감사하다.
몸이 아픔으로 인해 건강한 시간에 더 감사함을 느낀다.

2024년 12월 13일

엄마 수술이 무사히 잘 끝나고, 마취도 풀려 잘 깨어날 수 있어서 감사하다.
나의 건강도 조금씩 회복되고 있음에 감사하다.

엄마 보호자로 곁에 있을 수 있고 또 이런저런 속이야기들을 나눌 수 있음에 감사하다.

엄마가 빠르게 회복하시고, 다른 분들에 비해 건강하셔서 늘 감사하다. 무엇보다 내 곁에 든든하게 계셔 주셔서 더 감사하다.

현재의 문제들을 덤덤하게 버티며 긍정적 에너지를 모을 수 있는 나의 내면 근력이 단단해졌음에 감사하다.

아이들이 스스로 자기 일들을 잘해 줘서 너무 기특하고, 고맙고, 감사하다.

2024년 12월 17일

프로젝트가 취소되어 아쉽고 실망스럽지만 쉼을 얻을 수 있음에 감사하고, 내년을 위해 준비하는 마음으로 마무리했다.

엄마가 수술 이후 며칠 동안 통증으로 잠을 못 주무셨는데, 나아지고 수술 경과가 좋아지고 있어서 감사하다.

아픈 곳도 위로하며 소소한 일상을 나눌 수 있는 동료가 있어서 감사하다.

내 몸도 조금씩 나아지길 바라며, 건강의 소중함을 알아 가는 지금에 감사하다. 더 신경 쓰고 관리하자.

입주 기업과 네트워킹 시간으로 안목의 시야가 더 넓어지고,

가능성을 느낄 수 있음에 감사하다.

큰아이가 시험 기간에 잘 준비하고 노력해서 좋은 결과의 성적도 보이고 있음에 감사하다.

2025년 1월 5일

내 삶이 새롭게 변화하고 실행하는 날이 새해가 된다. 작은 것 하나라도 변화시키며 도전하는 삶을 주저하지 않는다. 새해 아침 해를 보며 다시 다짐할 수 있는 긍정의 마음에 감사하고, 또 집중하고 실행해 가는 의지를 보이며 오늘 하루를 살아간다.

내면의 마음 그릇이 성장해 가고 있음에, 견디는 힘이 단단해져 무르익어 감에 감사한 오늘이다.

나의 때가 올 때까지 그저 묵묵히 일상을 해내는 단단한 사람이고 싶기에 나를 위해 조용히 기도한다.

내가 누군가의 고민을 들어 줄 수 있는, 신뢰받는 사람이어서 감사하다.

단단한 마음의 공간이 생겨 작은 일에도 요동하지 않는 지금의 나에게 감사하다.

엄마 수술 부위가 염증 없이 잘 회복되고 있어서 감사하다.

2025년 1월 7일

오늘 하루도 무난하게 잘 지나온 것에 감사하다.

작은아들의 훈계 과정에 다그치거나 큰 소리로 야단치지 않고, 불필요한 화의 감정을 최대한 낮추고 진심으로 감정을 전달하고 대화할 수 있어서 감사하다.

사춘기가 시작된 아이를 더 이해하는 엄마가 되어야겠음을 결심하는 오늘에 감사하다.

그럼에도 아이들이 스스로 자신의 할 일을 잘 해내려 하는 모습에 기특하고 감사하다.

친정엄마가 챙겨 주는 모든 것이 다 고맙고 미안한 마음이 든다. 도움 주시는 모든 것이 감사하다. 엄마의 도움으로 내 꿈을 성장시켜 가는 지금에 감사하다.

2025년 1월 9일

오늘 마음과 생각을 잘 정리하고 다스릴 수 있었음에 감사하다.

내가 소중한 존재임을 알아 가는 지금에 감사하다.

아이들과 소소한 일상을 누리고 즐거움을 공유할 수 있음에 감사하다.

나의 삶을 응원하고, 격려해 주고, 함께하는 가족들이 곁에 있음에 감사하다.

좋은 동료 강사들이 함께 있어 힘이 되는 지금에 감사하다.

작은 아이의 불편한 마음이 풀어지고 밝은 모습으로 귀가해서 감사하다.

큰아이 주변에 좋은 영향력을 주는 친구들이 있어서 감사하다.

2025년 1월 13일

하루가 무탈하게 지나감에 감사하다.

큰아들이 운동을 등록하고 스스로 해내려는 의지에 감사하다.

덕분에 오랫동안 사용하지 않은 요금이 나가고 있음을 확인하는 계기가 되었음에 감사하다. (간단하게 문서 확인 이후 해결이 필요한 상황)

아이들 방학 기간 중 아침, 점심, 저녁, 간식을 챙기는 게 나로서는 힘들지만, 해 줄 수 있는 시간적·환경적 여유가 있음에 감사하다.

스스로 마음을 잘 조절해 나가는 하루여서 감사하다.

도전하고 있는 모닝 챌린지를 포기하지 않는 나의 각오에 감사하다.

2025년 1월 15일

대학원 등록(수납)을 무사히 마칠 수 있어서 감사하다.

아이들과 함께해서 좋고, 시간을 같이 보내고 함께 다닐 수 있어서 감사하다.

경제적인 개념을 다시 정립하고, 스스로의 프레임을 다시 점검해 보고 수정할 기회가 생김에 감사하다.

준비한 과정들 이후 비즈니스에 좋은 연결이 되어 도움과 자문을 받을 수 있길 희망해 보는 지금에 감사하다.

계획한 일정을 잘 해내고 알차고 보람된 하루를 보낼 수 있음에 감사하다.

오후 시간에 게으름을 피우지 않도록 스스로를 일으키고 독려한 나에게 감사하다.

겨울 방학 중이라 아이들의 일정을 챙기며 엄마로서 노력하는 나 자신을 칭찬하고, 감사하다. 실력 없는 요리에도 두 아들이 잘 먹어 주니 감사하다.

2025년 1월 22일

짧은 하루지만 소소한 일상을 엄마와 아이들과 함께 시간을 보내고 온 평온한 오늘의 일상에 감사하다.

며칠간 일정으로 피곤했지만, 오늘의 일정들을 포기하지 않고 안전하게 잘 마무리한 하루여서 감사하다.

새벽에 일어날 수 있는 원동력이 생기고, 삶의 목표가 더 구체화되어 가는 지금에 감사하다.

내가 원하는 삶을 고민하며 찾아가는 지금의 현실이 있어서 감사하다.

엄마에게 내 시간을 내줄 수 있는 오늘이 있어서 뿌듯하고 감사하다. 소소하지만 더 많이 챙기며 살아야겠다.

2025년 2월 5일

작은 일이지만 오늘의 일들을 미루지 않고 해낼 수 있어서 감사하다.

아이들이 자신의 할 일을 잘해 주고 있음에 감사하다.

큰아들이 스스로 작은 도전(운동 챌린지)을 잘해 나가는 긍정적인 모습에 감사하다.

고민을 함께 나눌 수 있는 주변에 좋은 동료들이 있음에 감사하다.

감사할 수 있는 마음의 공간이 넓어지고 있음에 감사하다.

소소한 일상이지만 주변 지인들과 감사를 나눌 수 있음에 감사하다.

2025년 2월 6일

오늘 하루도 무탈하게 평온한 하루를 보낼 수 있어서 감사하다.

아이들과 먹고 싶었던 수제 만두를 함께 먹으며 소소한 일상을 나누고, 얘기하며, 서로를 살펴 주는 일상에 감사하다.

큰아들이 고맙게도 내 일을(집안일) 도와주며 스스로 집안일을 챙기는 생각과 행동이 기특하고 감사하다.

엄마의 건강 컨디션을 챙겨 주는 착한 아이들의 기특한 마음에 감사하다.

조용한 사무실에서 내 일에 집중할 수 있는 지금에 감사하다.

오래 보는 미용실 원장님과 서로의 얘기를 부담 없이 나누면서 서로에게 힐링이 된 오늘이 감사하다.

2025년 2월 9일

계획한 일정대로 잘 진행시킨 나의 의지와 노력에 감사하다.

큰아들과 죽도시장 데이트를 하면서 소소한 일상도 누리고, 얘기도 하고, 시장도 같이 보는 오늘의 평범한 일상에 감사하다.

늘 엄마를 챙기고 배려해 주는 아이들이 있어서 감사하다.

휴일이지만 진행하던 일들을 다시 점검하고 준비하는 시간을 가질 수 있어서 감사하다.

끼니든 간식이든 잘 먹은 오늘에 감사하다~ 잘 먹어야 운동도 잘 해낸다.

지금까지 견뎌 온 시간에 감사하고 또 이전보다 성장해 있는 지금에 내 모습에 감사하다.

2025년 2월 11일

오늘 하루 선배 기수들의 도움받고 대학원 수강 신청을 잘 선택해서 감사하다. 교과목의 제목만 들어도 긴장되고 걱정이 밀려오지만, 해 보기로 했으니 걱정하지 말고 실행해 보자.

걱정보다 해결해 가려는 나의 마음 근육이 더 많이 성장했음에 감사하다.

일을 조금이라도 미루려는 습관을 고쳐가는 과정에 감사하다. 시간을 잘 사용하는 나의 의지력에 감사하다.

아이들과 방학을 보내는 지금의 시간이 다시 돌아오지 않는 행복한 시간임을 느끼게 해 주는 오늘의 일상에 감사하다.

나의 컨디션을 걱정해 주고 챙겨 주는 아들의 마음에 감사하다.

갑자기 든 생각에 한 행동이 누군가에게 작은 힘과 위로가 될 수 있음에 감사하다.

2025년 2월 15일

  큰아들의 생일을 축하하며 가족과 소중한 저녁 시간을 맞이할 수 있는 오늘의 평안에 감사하다.

  큰아들의 생일을 축하해 주며, 함께 밥 먹고 시간을 보내는 친구들이 있어서 감사하다.

  가족들이 오늘의 일상을 무탈하고, 안전하고, 건강하게 보내 줘서 감사하다.

  몸과 마음을 쏟아 일할 거리가 있는 지금에 감사하다.

  나에게 집중하며 평온한 하루를 보내는 오늘 감사하다.

  일의 성취를 기다리며 준비하고, 고민하는 기대감과 설렘이 있는 지금에 감사하다. 초심을 잃지 않도록 다독이며 가자.

2025년 2월 17일

  삶의 어려운 고비가 많았음에도 부모님이 지금까지 내 곁에 함께해 준 지난 시간들이 감사하다.

  엄마의 응원과 큰 선물에 미안하고 고마운 마음에 감사하다.

  든든한 나의 지지자인 형제와 가족들이 있음에 감사하다.

  친구들의 보호자로서 병원에 같이 내원해 줄 수 있는 시간이 있어서 감사하다. 우리 건강하게 오래 보자.

  사랑하는 아이들의 진심 담긴 생일 축하 편지에 감사하다. 힘든 하루를 이겨 낼 수 있는 힘이 되어 감사하다.
 안 된다는 부정의 마음보다 해 보겠다는 긍정의 마음이 더 커져 가는 지금에 감사하다.

긍정 확언

2024년 7월 18일

오늘도 나는 어제보다 한 뼘 더 성장하고, 진행하는 일을 조금 더 구체화해 갈 수 있다.

'몰라도 괜찮아.' 물어보고 또 물어보면서 배우는 과정이야~ 쫄지 마~ 넌 당당하게 해낼 수 있다.

준비하는 콘텐츠 사업의 방향이 잘 잡히고, 컨설팅을 통해 사업계획서가 구체적으로 작성되며 완성도가 높아진다.

2024년 7월 21일

나는 비즈니스 모델을 계속 준비하며 계획이 점점 완성되어 간다.

하반기에 내 콘텐츠를 제안하며 강의로 좋은 반응을 얻고, 계속 고도화시켜 간다,

생각하는 것들이 차근차근 이루어져 실행의 기쁨, 성취의 기쁨, 성과의 기쁨을 맛본다,

나의 브랜드는 더 많이 가치 있게 성장한다.

나는 신체적, 정신적, 경제적으로 건강하고 자유롭다.

2024년 7월 31일

마무리될 일이 잘 정리되고, 순차적으로 해결된다.

나의 퍼스널 브랜드는 더 높은 가치로 성장해 나간다.

준비하는 콘텐츠 기획의 방향이 잘 잡히고 경진 대회 준비를 잘해서 좋은 성과를 얻는다.

생각하는 삶의 모습을 이루어 간다.

준비하는 책을 집중해서 잘 쓰고, 출간 후 판매가 잘 이루어진다.

2024년 8월 1일

나의 브랜드는 점점 더 성장하고 높아진다.

정리될 일이 빠르게 진행되고 나머지 일도 순차적으로 잘 마

무리된다.

  계획서 기획 방향이 잘 정리되고, 경진대회에 좋은 소식을 얻는다. 지원금을 시작으로 스타트업 하며 성장해 간다.

  하반기에 강의 연결이 잘 진행되고, 많은 강의 요청이 이루어진다.

  평온함을 유지하며 꾸준한 끈기로 이루어 낸다.

2024년 8월 6일

  나의 브랜드는 더 성장하고 가치가 높아진다.

  이번 주에 생각한 것들을 차근차근 알차게 진행한다.

  진행하는 일에 최선을 다하며 좋은 결과물이 만들어진다. 나의 성장 속도는 탄력받고, 더 가속화되어 간다.

  책 준비가 잘 진행되고, 잘 써 내려간다. 출간과 판매까지 잘 진행된다.

  하반기에 필요한 강의 준비가 잘 이루어지고, 요청이 많이 들어온다.

2024년 8월 10일

  나는 불필요한 관계에 상처받지 않고, 미련 두지 않으며, 내 길을 가는 것에 집중해서 결과로 보여 준다.

내가 생각하고 목표한 것을 반드시 이루어 낸다.

나의 브랜드는 더 성장하고 가치가 높아진다.

나는 반드시 해내는 사람이다. 나를 믿어 준다.

준비한 사업이 구체적으로 계획되어 가며 좋은 결과를 만들어 낸다. 2025년에 스타트업 한다.

2024년 8월 15일

생각하는 목표와 비전을 꿈꾸고, 꾸준히 나아간다. 성취하고 결과로 보여 준다.

순서대로 잘 해결되고, 점점 더 안정화되어 간다.

계획한 사업이 좋은 영향력을 줄 수 있는 아이템이 되고, 지속적으로 투자해 가고, 좋은 성과를 만든다.

나의 브랜드가 점점 더 가치 있게 성장하고, 매출의 성과에 기여한다.

하반기 강의 준비가 잘 진행되고, 섭외 요청이 많아진다.

2024년 8월 20일

생각하고 목표한 비전을 성취해 낸다. 한 걸음, 한 걸음 만들어 간다.

나의 브랜드는 더 성장하고 점진적으로 가치가 상승한다.

하반기 강의 준비가 잘 진행되고, 강의 요청이 많아져 매출이 높아진다.

정리할 일들이 잘 마무리되고, 점점 안정화되어 간다.

2024년 8월 30일

오늘 하루 마감해야 할 일들이 잘 해결되고, 평안하고 감사한 하루가 된다.

행복하고 좋은 소식이 전해진다.

생각한 일들을 진행하며 실제적인 효과를 거두며 일들이 자연스럽게 진행된다.

강사로서 역량이 더 강화되고 좋은 평가를 얻는 강사로 성장한다.

오늘 만나는 교육생들이 좋으신 분들이다. 교육에 잘 참여해 주셔서 진행이 원활하게 된다.

2024년 9월 5일

흔들리면서 나침반이 미세한 방향을 찾듯이, 나 또한 흔들리더라도 굳게 확신하며 나아간다.

그 어떤 상황도 나는 당장은 알지 못해도 나에게 유익할 것이며, 순탄하게 가는 여정임을 믿고 기다린다.

생각한 목표와 비전을 이루기 위해 계속 나아간다. 나는 성취해 내는 사람이다.

생각대로 살아가며, 생각대로 이루어진다.

2024년 9월 10일

해야 할 일들을 우선순위에 맞게 잘 실행하며, 시간 사용을 잘하며 보람된 하루를 보낸다.

멈추지 않고 계속 진행하다 보면 반드시 좋은 기회들이 얻어진다.

나는 지속적인 도전과 성장을 통해 브랜드의 가치가 높아지며, 성과와 매출에 기여한다.

내가 바라는 삶의 방향과 속도를 가지고 진행해 간다.

강사로서 더 품격 있게, 실력 있게, 겸손하게 성장하고 가치가 높아진다.

2024년 9월 12일

과정을 지나갈 때 구간의 지루함을 견뎌 내는 것이 성공의 다른 표현임을 기억하자. 인내와 끈기의 힘이 필요하다. 나는 마무리까지 해낼 수 있는 사람이다.

생각하는 것들이 잘 준비되고, 결과물로 잘 연결된다.

생각하고 성취하고 싶은 비전과 목표들을 하나씩 하나씩 이루어 간다.

나는 강사로서 실력을 잘 갖추고 좋은 평가를 얻으며, 성과에 기여한다.

평안함과 안정감을 유지하며 내면이 더 단단해져 간다.

2024년 9월 14일

오늘 하루도 나는 좋은 선택을 한다. 감정도 기분도 좋은 선택을 함으로써 평안함과 행복함을 얻는다.

나의 비전과 목표에 집중한다. 매일의 성실함과 실행력으로 단련해 나간다. 끈기와 집중력으로 반드시 해내는 사람이다.

주변의 환경과 통제하지 못할 것에 나의 에너지를 뺏기지 않는다. 나는 내 삶의 집중력을 더 높인다.

나는 품격 있고 실력 있는 멋진 강사다. 나는 내면의 힘이 더 강해지고 견고해진다.

연휴 동안 가족들과 행복하고 편안한 시간을 보내고 충전한다.

매일 순간의 행복을, 기쁨을, 감사를 놓치지 않는다.

2024년 9월 20일

오늘 하루도 할 일에 집중하며 정신 차린다.

나는 매일 성장하고, 발전하며, 생각하는 대로 이루어 가는 사람이다

하반기에 관련 콘텐츠 강의가 시작되고 준비한 일들을 하나씩 만들어 간다.

나는 품격 있고 실력 있는 멋있는 강사로 활동하며 영역을 넓혀 나간다.

나의 브랜드는 가치 있게 성장하며, 결과에 기여할 수 있는 실력을 갖춘다.

나의 삶은 매일매일 변화하며 긍정적인 성장을 하는 과정이다.

2024년 9월 22일

오늘 하루도 알차게 기쁘게 맞이하며 나는 좋은 것을 행복한

것을 선택한다.

긍정의 에너지를 끌어올리며 미루지 않고, 적극적으로 해내는 시간을 보낸다.

나의 삶은 멋지다. 그 삶을 향해 달려가는 중이다. 순간순간의 감사와 행복도 느끼며 호흡하며 가 보자.

나를 더 사랑해 주고, 아껴 주고, 격려해 주며 스스로를 자랑스럽게 여긴다.

나의 비전과 꿈을 기억하되 행복한 마음으로 이루어 간다.

2024년 9월 26일

오늘 하루 기분 좋은 마음으로 활기차게 나의 생활 패턴을 찾아간다.

나의 의지와 끈기가 더 단단해지며, 내면의 평온함을 유지하며 성실함으로 해낸다.

가족들이 늘 안전하게 생활하며 무탈하게 보낸다.

생각하는 계획들을 실행하면서 수정해 나가며 점점 더 구체화시켜 간다.

나는 성실하게 해내는 사람이다.

2024년 9월 28일

순간마다 좋은 선택을 하며 작은 행복을 누리며 사는 기쁨을 알아 간다.

주변의 좋은 영향력의 사람들과의 관계가 더 넓어지고, 비즈니스를 확장시킨다.

생각하는 삶의 방향을 잘 기억하며, 한 걸음씩 만들어 간다.

기다리면 기회는 반드시 오기 마련이다. 기회가 오는 것을 알아채는 지혜가 있고, 끈기 있게 견디는 내면의 힘이 강한 사람이다.

나는 성취해 내며 결과에 기여하는 사람이다.

2024년 10월 1일

10월의 첫날을 긍정의 마음으로 시작한다.

나는 잘 해낼 수 있는 사람임을 믿는다.

생각하고 꿈꾸는 일들이 하나씩 이루어져 간다.

좋은 소식들이 하나씩 전해진다.

주변에 좋은 동료분들과 좋은 영향력의 관계망을 넓혀 간다.

2024년 10월 8일

오늘 하루도 기분 감정 등 좋은 선택으로 나를 돌본다.

나의 브랜드가 꾸준히 성장하고 가치가 높아지며 매출로 기여한다.

생각하고 꿈꾸는 비전과 목표를 반드시 이룬다.

나는 멋지고 매력적인 사람이다. 주변 분들과 좋은 것을 나누며 더불어 잘 살아간다.

나는 육체적으로, 정신적으로, 경제적으로 자유롭고 건강하다.

2024년 10월 12일

나는 오늘도 좋은 선택을 하며 행복한 하루를 보낸다.

나의 브랜드는 더 성장하며 가치가 높아지고, 매출과 성과에 기여한다.

나는 정신적, 육체적, 경제적으로 자유롭고 건강한 사람이다.

생각하는 삶의 비전과 목표를 이루어 낸다.

나의 활동 무대는 전 세계로 나아간다. 자유롭게 하고 싶은 일을 한다.

2024년 10월 22일

오늘 소중한 나의 하루를 좋은 선택으로 맞이한다.

변하지 않을 것에 괴로워하지 않고, 흔들리지 않도록 마음의 중심을 잡는다.

내가 생각하는 삶의 목표와 꿈을 이룬다.

나는 내 자신이 잘 해낼 것을 믿는다.

탁월함을 갖춘 강사로 성장해 가며 도움과 성장을 주는 콘텐츠 강의로 강사 활동이 더 왕성해진다.

2024년 10월 24일

오늘의 하루도 좋은 양질의 시간을 잘 보낸다.

해야 할 일을 놓치지 않고 우선순위대로 잘 처리한다.

탁월한 강의로 활동 무대가 넓어지고, 활동량이 더 많아진다.

나의 브랜드는 더 많이 성장하고 가치가 높아지며, 매출과 성과에 기여한다.

나는 신체적으로, 정신적으로, 경제적으로 건강한 사람이다.

2024년 10월 30일

나는 나를 신뢰하며 해낼 것이라 확신한다.

나의 브랜드는 더 많이 성장하고 가치가 높아지며, 매출과 성과에 기여한다.

나는 생각하는 비전과 목표를 이룬다.

탁월한 강의 준비로 강사 활동이 많아지고, 강의 분야가 더 정교해지고, 활동 지역이 넓어진다.

2024년 10월 31일

나는 오늘의 어려움을 극복할 힘이 있다. 오늘 처리할 급한 것을 원만하게 잘 처리해 낸다.

나는 굳건히 잘 해낸다. 잘 해낼 나를 신뢰한다.

탁월함으로 준비된 강의를 결과로 보여 준다.

나의 브랜드는 더 많이 성장하고 가치가 높아지며, 매출과 성과에 기여한다.

생각하는 비전과 목표를 반드시 이룬다.

2024년 11월 2일

나는 긍정적인 에너지를 나에게 끌어당기며 행복한 선택을 한다.

나는 내가 해낼 수 있는 사람임을 믿는다.

나를 둘러싼 모든 것에 감사하며, 더 감사할 일이 많이 생긴다.
나는 생각하고 바라는 삶의 방향대로 흘러간다.
나는 나를 있는 그대로 수용하며 사랑한다.

2024년 11월 7일

오늘 선물같이 주어진 하루도 행복을 느끼며, 좋은 선택을 한다.
나는 자신감이 넘치며 겸손함을 잃지 않는 사람이다.
나의 브랜드는 더 많이 성장하고 가치가 높아지며, 매출과 성과에 기여한다.
생각하는 목표를 반드시 이룬다.
나는 신체적, 정신적, 경제적으로 자유롭다.
나는 내 주변의 일들을 감사하게 받아들이며 해결할 수 있는 지혜가 있고, 내면의 힘이 강하다.

2024년 11월 15일

나는 오늘도 세상 유일한 나만의 삶에 감사하며 집중해 낸다.
나는 신체적, 정신적, 경제적으로 자유롭다.

나는 나답게 살아간다.

나는 생각하는 목표를 이룬다. 내 삶은 내가 원하는 방향대로 가고 있다.

나는 내가 잘 해낼 수 있음을 신뢰한다. 나는 멋지고 당당한 여성이다.

나는 주변에 좋은 분들과 함께 오래 지낸다. 나는 감사함이 넘치며 겸손한 사람이다.

2024년 11월 22일

나는 오늘 새로운 하루 시작을 감사하며 좋은 끌어당김으로 시작한다.

내 안에 부정적인 생각보다 긍정의 에너지를 담는다.

나의 브랜드는 더 많이 성장하고 가치가 높아지고, 매출과 성과에 기여한다.

좋은 소식, 좋은 기회가 오고 있음을 안다.

나는 나의 자존감을 돌보며 긍정 에너지를 모은다.

2024년 12월 1일

올해 남은 한 달도 잘 마무리하며, 의미 있는 한 해가 된다,

오늘 하루도 나의 일정들을 잘해 내며, 작은 성공을 만들어 간다.

나는 정신적, 육체적, 경제적으로 자유롭다.

나는 내가 생각하는 삶의 방향대로 가고 있다.

생각하는 삶의 긍정적인 목표를 이룬다.

2024년 12월 13일

나는 오늘도 삶을 소중하게 여기며 나답게 산다.

생각하는 삶의 방향대로 가고 있음을 알고 있다.

나는 정신적, 육체적, 경제적으로 건강하고 자유롭다.

해야 할 일들 앞에 멈칫거리지 않고, 당당하게 해낸다.

나는 긍정적인 에너지를 끌어당기는 힘이 있다.

나는 결국 잘된다.

2024년 12월 19일

나의 브랜드는 더 성장하고, 가치가 높아지며, 매출과 성과에 기여한다.

나는 생각하는 삶의 방향대로 잘 가고 있다. 나의 활동 무대는 더 넓고 많다.

좋은 모델의 기업들과 잘 연결되고, 비즈니스의 협력이 잘 이루어진다.
나는 정신적, 신체적, 경제적으로 건강하고 자유롭다.
좋은 영향력을 가진 사람들과 협업하고, 성장해 간다.
나에게 주어질 기회가 오고 있음을 확신한다.

2025년 1월 2일
생각하는 삶의 방향대로 가고 있음을 신뢰한다.
나의 브랜드의 가치가 더 많이 높아지고 성장하며, 성과와 매출에 기여한다.
2025년의 계획과 방향성을 잘 준비하고, 성실하게, 완성도 있게 실행해 나가는 한 해가 된다.
결국 나는 가장 나답게 빛난다.
함께하는 주변의 사람들과 좋은 관계로 성장해 간다.

2025년 1월 5일
나는 생각하는 삶의 방향대로 가고 있다.
내가 원하는 것이 무엇인지 잘 알고 실행해 나가는 사람이다.
나는 정신적, 신체적, 경제적으로 건강하고 자유롭다.

오늘 생각하는 일정을 잘 진행해 나간다.

지금의 삶을 더 소중하게 여기며 감사한 마음을 가지며 산다.

진행하는 일들을 하나씩 해 나가고, 성과를 보인다.

2025년 1월 7일

오늘도 나는 행복하게 긍정의 에너지로 보낸다.

나의 브랜드는 더 많이 성장하고 가치가 높아지며, 매출과 성과에 기여한다.

나는 세상에 유일무이한 존재이며, 소중한 사람이다.

나로 하여금 내 주변이 더 좋은 에너지를 함께 나눈다.

나는 지혜롭게 삶의 주어진 문제를 잘 해결해 내는 사람이다.

나를 둘러싼 여러 가지 문제들이 가장 알맞은 때에 잘 해결된다.

2025년 1월 13일

나는 오늘도 긍정적이며 행복한 하루를 선택한다.

오늘 해야 하는 일을 잘 해낸다.

나는 어려움을 잘 극복해 내는 내면의 힘이 있는 사람이다.

나는 정신적, 신체적, 경제적으로 자유롭고 건강하다.

나는 생각하는 삶의 방향대로 가고 있다. 나는 결국 해내는 사람이다.

2025년 1월 14일

나는 오늘도 주어진 하루에 집중하고 최선으로 할 일을 해낸다.

아이들의 방학을 잘 돌보면서도 나의 시간을 잘 활용해서 할 일을 잘 마무리한다.

나는 내면이 강한 사람이다. 포기하지 않는다. 반드시 해낸다.

나는 내 주변의 사람들에게 행복을 나눌 수 있는 사람이다.

나는 지나간 기회에 미련 두지 않고 긍정적으로 희망을 바라본다.

나는 세상에서 유일무이한 존재이며, 소중한 사람이다.

2025년 1월 16일

나의 하루에는 매일매일 좋은 것이 쌓여 간다.

나는 회복력이 좋으며, 긍정적인 에너지를 가진 사람이다.

나는 생각하는 대로 삶의 방향이 흘러가고 있음을 믿는다.

준비하는 일들이 하나씩 실행되어 간다.

나에게는 주변 사람들에게 행복과 이로움을 나눌 수 있는 마음의 여유가 있다.

진행하는 비즈니스가 더 성장하고 확장되며, 통찰의 시야도 넓어진다.

나는 무엇이든 할 수 있는 용기가 있으며, 해내는 사람이다.

2025년 1월 22일

오늘도 아이들과 좋은 추억과 경험을 만드는 하루가 된다.
나에게 주어진 하루를 보람되게 살아 낸다.
나의 부정적인 감정은 자연스럽게 흘려보낸다.
나는 생각하는 삶의 방향대로 가고 있다.
나의 브랜드는 더 성장하고, 확장되고, 가치가 높아지며, 매출과 성과에 기여한다.

2025년 2월 5일

오늘 하루도 행복하며, 긍정 에너지를 받는 하루를 보낸다.
나는 생각하는 삶의 목표와 꿈을 이룬다.
오늘도 하루를 알차게 보내고, 해야 할 우선적인 일을 하나씩 잘 처리해 간다.

함께하는 사람들에게 좋은 영향을 나누는 사람이다.

불안해하고 걱정하기보다 하나씩 해갈 수 있다. 나는 해내는 사람임을 믿고 기다려 준다.

2025년 2월 10일

오늘 하루를 소중하게 여기며 행복한 하루로 보낸다.

나는 정신적, 신체적, 경제적으로 자유롭고 건강하다.

나의 삶은 생각하는 방향대로 디자인되고 있다.

나는 내가 잘 해낼 수 있는 사람임을 신뢰한다.

생각하는 삶의 목표들을 이루어 낸다. 불안과 걱정보다 하나씩 해내며 기대와 설렘으로 바뀌어 간다.

나는 내면의 힘이 강하고, 유연함을 갖춘 사람이다.

2025년 2월 15일

오늘도 새로운 하루가 주어졌다. 감사하며 새로운 하루를 행복하게 채운다.

나는 나의 삶을 진정으로 사랑하며 산다. 생각하는 삶의 방향대로 가고 있으며, 원하는 목표를 이룬다.

나는 정신적, 신체적, 경제적으로 자유롭고 건강하다.

나는 행복을 느끼고 감사할 줄 아는 사람이다.
감사를 통해 더 많은 감사가 생기며 삶이 풍성해진다.
나는 나와 함께하는 사람들에게 좋은 영향력을 나눈다.

2025년 2월 17일

소중하게 주어진 오늘 하루에 감사하며 행복하게 보낸다.

나는 더 많이 성장하고, 다양한 경험을 통해 나의 삶을 디자인해 간다.

나는 다가오는 삶의 허들을 지혜롭게 잘 넘으며 해결해 나간다.

나의 삶은 생각하는 방향대로 가고 있으며, 원하는 목표들을 이룬다.

나의 관점의 시야는 더 넓어지고, 전문가로서의 통찰력이 깊어진다.

나는 함께하는 동료 강사들에게 긍정적 에너지를 나누는 이로운 사람이다.

이것을 실천하며 달라진 점,
독자에게 전하고픈 메시지

　　　　　감사하기와 긍정 확언을 쓰기 시작한 후, 제 삶에는 놀라운 변화가 찾아왔습니다. 작은 습관처럼 시작한 이 두 가지 행동이 시간이 지날수록 제 마음과 일상에 얼마나 큰 영향을 미쳤는지 깨닫게 되었습니다. 그중에서도 가장 인상 깊었던 세 가지 변화를 나누고 싶습니다.

　첫째, 스스로를 더 소중히 여기게 되었습니다.

　긍정 확언을 반복하다 보면 처음에는 어색하고 믿기 어렵던 말들이 점차 마음속에 자리 잡기 시작합니다. '나는 소중한 사람이다.', '나는 할 수 있다.' 같은 문장들이 습관이 되자, 제 자신에 대한 신뢰가 생겼습니다. 예전에는 실패나 실수를 하면 자책하며 자신을 몰아붙였지만, 긍정 확언을 통해 제 자신을 격려하고 보듬는 힘을 얻었습니다. 그 결과, 자기비판보다는 스스로에게 따뜻한 시선을 보낼 수 있게 되었고, 이는 제 삶의 원동력이 되었습니다.

둘째, 사소한 일에서 더 큰 행복을 찾게 되었습니다.

감사하기를 쓰다 보니 일상에서 놓치고 있던 소중한 순간들이 보이기 시작했습니다. 아침에 마신 따뜻한 커피 한잔, 친구의 진심 어린 안부 전화, 길가에 피어난 작은 꽃 한 송이까지, 감사할 일이 이렇게나 많다는 걸 알게 되었습니다. 이 작은 감사들이 모여 하루를 더 풍요롭게 만들었고, 마음속의 불안과 공허함이 점차 사라졌습니다.

셋째, 어려움을 이겨 내는 힘이 강해졌습니다.

삶이 늘 순탄하지만은 않았습니다. 힘든 일이 닥칠 때마다 좌절하던 시절이 있었지만, 감사하기와 긍정 확언은 그런 순간에도 희망을 붙잡는 힘이 되어 주었습니다. '이 또한 지나갈 것이다', '나는 이 상황에서도 배울 것이 있다'라는 확언을 통해 마음을 다잡았고, 그 안에서 작은 감사의 순간들을 찾으며 힘을 얻었습니다. 이런 태도는 제게 강한 회복력을 심어 주었고, 어려움이 닥쳐도 쉽게 무너지지 않는 마음을 길러 주었습니다.

이처럼 감사하기와 긍정 확언은 제 삶을 더 단단하고 풍요롭게 만들어 주었습니다. 저는 이 경험을 통해 깨달았습니다. 우리는 스스로의 생각을 바꾸는 작은 노력만으로도 더 행복하고 의미 있는 삶을 살 수 있다는 것을요.

이제 여러분에게도 권하고 싶습니다. 하루 5분, 긍정 확언을 해 보세요. 그리고 오늘 하루 감사한 일을 한 가지라도 적어 보세요. 처음에는 사소해 보일 수 있지만, 그 작은 실천이 여러분의 삶에 커다란 변화를 가져올 것입니다. 여러분의 하루가 어제보다 더 행복하고, 스스로가 더 소중하게 느껴지는 날들이 되기를 진심으로 바랍니다.

여러분은 이미 충분히 소중하고, 사랑받을 자격이 있는 사람입니다. 그 사실을 스스로 자주 말해 주고, 삶의 모든 작은 순간에 감사하는 마음을 가져 보세요. 그 변화는 생각보다 더 빠르게, 그리고 놀라울 만큼 아름답게 다가올 것입니다.